COSMÉTIQUE DU CHAOS

DU MÊME AUTEUR

PALABRES (co-écrit avec Bérengère Cournut), Attila, 2011.
LES ALIÉNÉS, Christophe Lucquin Éditeur, 2015.
SE TRAHIR, Le Passage, 2017.

ISBN 978-2-330-13080-0

ESPEDITE

Cosmétique du chaos

ROMAN

un endroit où aller

ACTES SUD

Phasmes : insectes étranges, sans queue ni tête, mimétiques jusqu'au dissemblable.

Georges Didi-Huberman,
Phasmes. Essais sur l'apparition, 1.

*Toute cette chair ne sait plus que faire
d'elle-même et de son histoire,
elle a perdu le nord et le sens.
Rien d'étonnant si ce qui est à l'intérieur
veut en sortir.*

Jorge Barón Biza,
Le Désert et la Semence.

Le visage a un grand avenir à condition d'être détruit, défait.

Gilles Deleuze et Félix Guattari,
Mille Plateaux. Capitalisme et schizophrénie 2.

SUR LA SURFACE du miroir, ton visage se trouble en risées capricieuses. Aucune blessure n'a dévasté ta face, aucun mal n'a corrompu tes chairs, tu es simplement là, à peine remise d'une opération de chirurgie esthétique tout à fait anodine, à contempler quelque chose d'aberrant, quelque chose de mouvant et d'instable dans laquelle tu ne te reconnais absolument pas. Telle une antique photographie papier marinant dans une solution de bromure mal dosée, tes traits restent irrémédiablement flous et tremblotants. Ils dessinent avec peine une gueule cassée de la Grande Guerre, amas de boursoufflures cicatrisant gastéropode autour d'un trou noirâtre impossible à cautériser. Ton cerveau est encore brouillé te rassures-tu, par les effluves de ton anesthésie, ton foie s'est un peu détraqué sous l'effet des substances chimiques ; ça passera, oui, ça passera.

Tu caches ta gêne à l'infirmière. Elle t'explique que quelques jours seront nécessaires pour que les modifications souhaitées soient définitives. De profil, le nez peut encore remonter, il descendra peu après, le temps que l'œdème se résorbe. Il est possible également qu'un petit érythème disgracieux apparaisse. Il ne faut pas que tu t'inquiètes. Il pourra facilement être retouché au laser. Dans deux semaines tout au plus, ton visage se conformera parfaitement à ce qui était prévu. Elle conclut son propos en te félicitant de ta splendeur. Son éloquence ne te convainc guère. Tu demeures embourbée dans la vision de ta face saccagée hantant le verre réfléchissant. Dans un geste de commisération convenu, l'infirmière te prend par la main et te guide vers la sortie. Son contact augmente ton trouble mais tu ne dis rien. Tu quittes, hagarde, la clinique Cesari et ses allures de palais royal, embarques dans un taxi. Alors que tu t'installes, tu aperçois ton reflet dans la vitre ; tu l'évites aussitôt, tentes de te concentrer sur le paysage extérieur pour atténuer ton angoisse. Au milieu du lent défilé des buildings, dressés au garde-à-vous comme autant de généraux, tu ressasses la conviction que ta tête s'est étrangement alourdie, qu'on lui a ajouté de la matière au lieu d'en avoir ôté, apposition d'une greffe vivante, un animal, un chat, ou une tumeur, quelque chose qui enfle, se ramifie, chiendent aux radicules jaillissant de toutes parts, étamines en jouvence se pétrifiant peu à peu en densités morbides. Tu règles la course d'un billet de vingt sans attendre la monnaie.

La caméra de reconnaissance faciale de l'entrée de ton immeuble est momentanément désactivée. Tu dois composer ton code personnel pour y pénétrer. Tandis que tu ouvres la porte, tu te souviens avec effroi que le hall est tapissé d'une immense glace murale, t'interdisant ainsi le confort de l'invisibilité. Tu le franchis en déroute, comme s'il s'agissait d'un champ de bataille pilonné aveuglément par l'artillerie lourde du siècle dernier. Tu entends le bruit de la mitraille crépitant alentour, postillonnée sur les tronches des simples soldats dépassant des tranchées, casque limité à la surface du crâne mais visages nus, ces visages tout juste fièrement arborés sur les papiers d'état civil grâce à l'invention conjointe de la photographie et de la Carte nationale d'identité, ces visages magnifiés en peinture dans les bonnes familles comme symboles de leur prestance bourgeoise et devenus populaires dans son grain noir et blanc bon marché, ces visages qu'on a livrés en pâture aux projectiles arasants de l'ennemi quand les maréchaux sifflent l'assaut, maréchaux qui se sont fait tirer le portrait après la victoire, avec monuments à leur propre gloire et gros plan sur leur regard, cinéma, c'est moi la star, en oubliant tous ceux qui n'étaient même pas morts, tous ces défigurés, bêtes de foire abandonnées dans le civil, avec obligation d'afficher leur tête monstrueuse sur leur carte d'invalidité. Tu te cloîtres dans l'ascenseur puis déboules dans l'appartement. Ton chat est là. Avec un air bovin, il chaloupe entre les lignes de ses trajectoires régulières sans faire attention à toi. Tu le trouves épais, beaucoup plus gros que d'habitude, des poils par millions, certains voletant autour de lui en une énorme crinière. Il te fait un peu peur. Tu le chasses d'une pichenette. Il déguerpit sur-le-champ. Ce geste ne t'apaise qu'à moitié. Tu réfléchis un instant, perdue au milieu de l'espace perclus de sifflements métalliques et de poussières en suspens, puis vises les miroirs disposés çà et là dans le salon. Tu les décroches un à un en évitant de les regarder. Ne pouvant ôter celui de la salle d'eau – car il est fixé sur le mur –, tu le recouvres d'un tissu. Le silence et la pesanteur reprennent peu à peu leurs droits.

Tu vis ainsi tout le week-end une sorte de rapt de toi-même dans un voyage appauvrissant, te séquençant en séquelles, comète filant au travers des galaxies, sans pouvoir rien ramener de ces au-delàs, ni rencontre ni souvenir, pas même une expérience. Grain de sable pulvérisé au milieu du désert, tu restes seule. Tous tes appareils de communication sont débranchés. Ton chat a disparu.

Le lundi, tu décides, malgré tout, de retourner dans la salle de bains. La main sur la poignée, devinant de l'autre côté le miroir qui t'attend sous son voile, tu te figes un instant, sur le point de te rétracter. Tu entres finalement avec solennité et te colles sur le rebord du lavabo sans relever la tête. Tu devines la lumière produite par les ampoules basse tension disposées en rang, à la façon d'une loge de star : elles dessinent des ombres bienveillantes. Le nécessaire à maquillage est prêt, bien rangé devant toi. Tu t'apprêtes à t'affrioler mécaniquement, comme tu en as l'habitude, mais n'oses te regarder. Tu restes figée, incapable du moindre geste. Le tissu pend sur la glace. Tu n'as pas le courage de le retirer. Tu ranges tes instruments et sors prendre l'air.

Tu marches sur le boulevard Paoli en évitant les gens. Tu attends de cette promenade qu'elle t'apaise, tu espères réussir à tester ton sourire sur une ou deux personnes avenantes, cela te rassurerait, c'est le seul sésame qui vaille. Tandis que tu relèves les yeux pour enfin tenter ta chance, tu t'aperçois, incrédule, que ton regard est devenu obscène. À la place des têtes, tu vois des paquets d'orifices, de glaires, de poils et de lumière, aucune ligne cohérente, mais des millions de points mouvants vermicelles, agrégats de microbes grouillants, poignées d'asticots s'agitant dans la sacoche d'un pêcheur. Tes yeux transformés en fusil de chasse, nuages de plombs s'incrustant dans les chairs, tu discernes une tempête de sable dans chaque sourire, les faciès explosant, tu n'as même pas le temps de les identifier, tronches de viande hachée condensée lucioles intempestives, écrans de neige télé sans plus de rectangle pour contenir ces milliards de pixels anarchiques. Tu tentes de t'épargner, ramassée, muette, sur tes pas, t'efforçant au repos. Tu veux apprivoiser tes visions. En vain. Tu ne peux t'empêcher de devenir partie prenante des personnes que tu vois, tu les pénètres et te mêles à leur chair méconnaissable à chaque coup d'œil. Il t'est désormais interdit de contempler : ta vue est devenue perceuse, ogive, tu passes à travers les faces, t'embourbes dans les cellules des cerveaux, dans l'embrouillamini des synapses.

Tu retournes chez toi à la hâte, fouilles la boîte à pharmacie, trouves les calmants que ton médecin t'a prescrits après la perte de ton emploi à l'agence bancaire du centre-ville et avales trois comprimés indistincts. Ils diluent ton corps en même temps que ta conscience : tu t'entends respirer mais tu ne sens pratiquement plus tes jambes. Debout dans le couloir, tu te laisses tanguer entre les traces du chat qui miaule quelque part. Son fantôme plane dans le salon, ses poils éparpillés en une meute de bestioles translucides. Cette omniprésence te rend bizarrement l'espace plus familier que de coutume. Tu as la sensation d'y flotter toi-même, comme une ombre. T'apparaît alors le pêle-mêle de photos familiales affiché dans l'entrée. Ce sont de vieilles images auxquelles tu ne prêtes plus attention depuis longtemps. Elles sont restées là malgré la maladie et la mort de ton mari, Charif. Tu te souviens de la plupart d'entre elles : Charif et toi en vacances avec la petite à la plage, Charif tout seul affichant ostensiblement un verre de pastis en souriant, toi en robe et apprêtée comme jamais pour te rendre à une soirée avec Anna, ta meilleure amie, quelques portraits de votre fille adulte ou étudiante et deux trois photos de ses enfants. Tu te souviens de ces images ; et pourtant celles-ci te sont devenues floues. À mesure que tu t'approches d'elles d'un pas mou, tu te crispes d'angoisse : tu as peur d'être de nouveau la proie d'hallucinations sauvages et de ne pas reconnaître les faciès de tes proches. Arrivée à leur hauteur, tu les enlèves hâtivement en te cachant les yeux et les empiles dans une boîte. Quand tu refermes le couvercle, tu te sens légèrement rassurée. Alors t'affales, épuisée, dans le canapé, et restes là un bon moment, le temps d'abandonner l'idée de retourner dans la salle de bains pour inspecter ton visage, tu sais d'ores et déjà que ta vue le déformera de la même façon qu'elle a brouillé la tête des passants. Tu aimerais t'effacer, c'est probablement ce que tu aurais de mieux à faire, mais ton téléphone tinte. Une notification te rappelle que tu as rendez-vous avec ta conseillère de réinsertion dans l'emploi à 14 heures. Tu réprimes un haut-le-cœur. Tu avais complètement oublié. Tu ne te sens pas du tout prête à l'affronter. Un vertige te saisit. Il t'oblige à reprendre des calmants. Il faut une bonne heure pour que ta confusion s'estompe.

*

Les individus amassés dans la salle d'attente sont tous défigurés, les traits déchiquetés par des griffes impitoyables. Étonnamment, tu commences à prendre un certain plaisir à ces hallucinations, la phobie disparaissant au profit d'une curiosité enfantine pour le mystère de coulisses s'ouvrant béatement à ta curiosité insatiable. Tu te laisses surprendre par ces intensités anonymes, plongées dans un gouffre peuplé d'éléments insaisissables. Au milieu de tels mirages, tu te sens étrangement aphone. Malgré tes visions, le monde est resté zone. La zone est l'inverse du lieu. Pas de commérages possibles dans une zone, pas de bavardages, on y échange des codes, des informations, des données, mais de rumeur ou de parole, point. Tu ne sais pas si c'est toi qui es devenue mutique ou si ce sont les circonstances qui imposent à tous un tel silence.

Après un temps intervalle, tu es appelée à te rendre au bureau 17, bâtiment 2. À l'orée d'un box exigu matérialisé par trois panneaux en plastique, tu devines une voix qui te fait signe. Tu tâches de t'asseoir sur une des deux chaises. Elles sont pratiquement collées l'une à l'autre. Tu dois faire un effort pour te frayer un passage. Enfin installée, tu regardes ta conseillère, et c'est comme si tu lui dévorais le visage. Tu t'englues dans ses rides sans pouvoir la reconnaître. Tu détournes aussitôt les yeux pour ne pas céder à la panique et te concentres sur la raison de ta présence ici : l'opération chirurgicale que tu viens de subir et que Pôle emploi prend en charge. La probité se révèle si on présente bien, il faut savoir afficher sa personne, se mettre en valeur par un sourire éclatant débarrassé de ses impuretés et des marques de son vieillissement, magnifié dans son essence par la chirurgie et le maquillage, c'est fondamental, on ne marche qu'à visage découvert, sinon, c'est la suspicion de terrorisme, d'obscurantisme prosélyte, de trahison. Même les pires délinquants renoncent à se tatouer la face. Le visage est la clé de ton existence et tu le sais. Il faut que tu saches t'en servir, que tu assumes et puisses te regarder dans un miroir sans sourciller. C'est ainsi que tu trouveras ta place dans la société, et aussi, un job.

Supputant que ta conseillère attend de toi que tu fasses montre de tes nouvelles dispositions, tu tentes, malgré tes visions outrancières, de lui présenter une mine parfaite. Tu réprimes panique et dégoût tant bien que mal et souris outrageusement. Ce faisant, te gagne l'impression étrange de partager quelque chose d'intime avec elle, te hante une présence indéfinissable, un poids sourd qui t'arrime au sol et t'ancre dans le monde, une obscure substance familière à la fois des matières du bureau, de ta peau et de la sienne, chewing-gum enfilochant tes doigts, les objets et le corps de ta conseillère, comme si vous étiez, elle et toi, ruminées dans la même bave.

Elle interrompt ce début de connivence salace en te tendant un formulaire. Manifestement, ton nouveau faciès ne l'impressionne guère. Tu restes pour elle un usager lambda. Elle t'indique qu'il faut que tu donnes ton accord écrit pour que ton portrait soit diffusé auprès des employeurs potentiels répertoriés dans la base de données. Un refus de ta part diminuerait de moitié tes indemnités de licenciement pendant six mois. Tu t'engages également à mettre à jour ta photo de profil sur tes différentes pages internet ainsi qu'à l'état civil. Un encadré en rouge te met en garde contre d'éventuels manquements à tes engagements. Tu seras exclue du programme et contrainte de rembourser tous les frais liés à ta prise en charge. Tu signes le document en écrivant lisiblement ton seul prénom, Hasna.

Tu quittes le bâtiment vaguement soulagée. Ton comportement a paru adapté, ton trouble ne se voit pas mais il reste intense : pas un passant que tu croises qui n'ait la tête explosée. Au milieu de ce vertige, tu éprouves le besoin de te recentrer. Le dehors te fait vaciller, tu espères puiser au-dedans de toi les ressources pour résister aux fluctuations extérieures mais ne parviens qu'à fuir sur place comme un panier percé. Tu as besoin d'aide. Tu appelles Anna, tu la connais depuis si longtemps, c'est une amie fidèle, tu pourrais t'appuyer sur elle pour retrouver un peu de consistance, devenir solide, oui, devenir solide. Vous vous êtes un peu éloignées depuis le cancer de Charif. Son décès a créé un certain malaise entre vous, comme une gêne, tu ne sais pas. Ça s'est amplifié depuis la perte de ton emploi. Anna, depuis toujours petite fonctionnaire à la mairie, ne s'est jamais posé la question de son salaire. Sur le plan sentimental, elle collectionne les aventures amoureuses avec une facilité déconcertante, n'a pas d'enfants et n'en veut pas. Plus grand-chose ne vous rapproche maintenant, mais tu ne vois personne d'autre pour obtenir un peu de soutien. Tu appuies à plusieurs reprises sur ton smartphone pour la contacter ; sa boîte vocale fait barrage chaque fois. Tu te sens disparaître sur le trottoir, poussière balayée par le vent, à mesure que s'impose à toi l'impossibilité de te tenir à quoi que ce soit de tangible. Tu fonds dans une mare de ressentiment, ta panique se transforme en haine, tu raccroches sans laisser de message.

Tu restes ainsi, fébrile, rongée par la solitude et l'angoisse d'avoir à subir de nouvelles hallucinations. Tu hésites à prendre rendez-vous avec ton médecin. Tu te ravises aussitôt : tu risquerais de passer pour une folle. Il pourrait te signaler aux services sociaux. Tu restes donc là, désorientée et sans savoir quoi faire. Tu finis par quitter la zone en pressant le pas pour rentrer à la maison. Tu ne penses plus qu'à une chose : avaler une nouvelle dose de calmants.

*

De retour chez toi, devenue lasse sous l'emprise des psychotropes, tu nicotines l'atmosphère, effondrée sans fin sur ton lit défait. Divers objets jonchent le sol. Les plantes vertes sont desséchées. La fumée de ta cigarette tisse une toile arachnéenne. Ton chat s'irise en malice au milieu de ces immondices, tu ne le distingues que par ses feulements chapardeurs.

Ta fille appelle en FaceTime. Tu refuses la vidéo, tu as trop peur de ne pouvoir la reconnaître. Vos voix se branchent. La sienne te trouble. Elle s'enquiert rapidement de ton état, qu'elle imagine précaire, puis te raconte les derniers exploits de ses deux enfants. Tu ne prêtes pas attention à ce qu'elle dit. Tu es incapable de te figurer quoi que ce soit. Tu lui découvres un timbre de robinet ébréché, clapotis chuintant d'éclaboussures. Tu ne veux pas qu'il s'interrompe, ce flot, tant il te charme, tu frémis au moindre bruissement, règles ton souffle sur l'écho de ses soupirs, te coules dans ses intonations qui bavent toujours un peu, elles débordent son propos, s'emmêlent de colère crailleuse et de miaulements câlins, elles jouent à cache-cache, ces intonations saute-mouton, si bien que tu t'inquiètes quand le flux faiblit, tu la relances alors d'un grognement ou d'un rire. La conversation dure plus longtemps que d'habitude. Elle finit par raccrocher, te laissant dans le vide. Tu ne lui as rien dit de tes angoisses.

Tu ambules ton vague à l'âme dans l'appartement, tu t'échoues avec lui dans la cuisine, ouvres le frigidaire, il est à moitié vide. Il faut que tu sortes acheter quelque chose, tu as besoin de te remplir mais le dehors te fait peur. Tu essaies de nouveau de joindre Anna ; en vain, elle ne répond pas. Tu attrapes ton sac et quittes les lieux sans une parole pour le chat. Il fait carpette dans un coin.

Tu te rends à pied dans ton supermarché de quartier. Tu essaies tant bien que mal de te cramponner à tes habitudes mais la rue n'en finit pas de s'étrangler à ton passage. Les immeubles te toisent. Tu marches la tête en dedans, ignorant ces menaces et évitant de te mêler à d'autres, te laisses happer par les portes vitrées qui baillent cérémonieusement à ton arrivée. L'escalator te propulse à l'étage des denrées alimentaires. Tu ne prêtes attention ni aux caissières ni à personne, et zones, seule, guidée par les rayonnages, au gré de tes besoins en réassort, au milieu des clients indistinctement mêlés à leur environnement, comme l'air remplit l'espace. Ton smartphone offre aux capteurs wifi et autres décodeurs numériques du magasin une nouvelle occasion de mesurer tes pas, de scruter la trajectoire de ton regard pour déterminer ce par quoi il est attiré en fonction de la disposition des produits et des différents packagings. Pour toute cette technologie marketing, tu es un œil sur pattes.

Au moment de payer, on te demande une pièce d'identité. Les caméras n'ont pas reconnu ton visage. Tu n'as pas mis à jour ton compte client depuis ton opération. Tu te forces à grimacer un sourire à la caissière en espérant qu'elle fasse le lien avec la photo sur ta carte, ce lien que la machine n'a pas réussi à établir. Ce faisant, te trouves bien obligée de la regarder ; sa moue t'est si étrange que tu es incapable de comprendre si elle te reconnaît et accepte ta transaction. Tu l'entends répéter, c'est bon, merci.

*

Au guichet d'accueil du service d'état civil, tu as récupéré le numéro 312. Les quelques personnes qui patientent ici ont toutes subi une opération chirurgicale. Tu le sais, non pas parce que tu reconnais leurs cicatrices (tu es bien incapable de les distinguer), mais parce qu'il est notoire que plus personne ne se rend au service d'état civil depuis qu'il est possible d'effectuer cette démarche via les réseaux sociaux. Seuls se déplacent ceux dont le faciès a été, volontairement ou non, modifié, suffisamment en tout cas pour ne plus pouvoir être reconnu par le nombre minimum de contacts exigé par la procédure d'identification de Facebook et consorts : cela va du grand brûlé à la chirurgie esthétique, en passant par les accidentés de la route et les femmes vitriolées (il y en a de plus en plus, semble-t-il). Afin qu'ils puissent circuler normalement sans déclencher d'alerte sécurité pour cause de non-identification par les appareils de surveillance, ils doivent se soumettre à la réactualisation de leur profil. Une dizaine de clichés biométriques sont effectués *in situ*. Ils donneront lieu à un nouvel algorithme d'identification, sésame de leur liberté de mouvement. En cas de cicatrisation longue (défiguration à l'acide, notamment), cette procédure doit être renouvelée tous les quinze jours. Il paraît que les agents affectés à cette mission perçoivent une prime car ils travaillent auprès d'un public réputé “difficile”. Pour leur hiérarchie, et probablement aussi pour le sens commun, l'accidenté de la route menace sédition, les femmes vitriolées conspirent complot, les défigurés musardent faussaires. L'insurrection est sans visage. Ceux-là sont suspectés d'en être les hérauts.

Tu entends une femme robuste égrener ton nom d'une voix de stentor. Tu jettes un rapide coup d'œil à son imposante silhouette tout en te gardant bien de l'observer. Elle ne t'en laisse de toute façon pas l'occasion, t'ordonne de la suivre. Vous pénétrez dans une zone protégée. Aucun vice de forme ne doit entacher le recueil des données personnelles. Aux confins d'un couloir étroit se découvre une pièce circulaire entièrement tapissée de glaces sans tain. Au centre, une machine métallique ovoïde pend du plafond comme un gros œuf au-dessus d'un chétif tabouret pivotant. Elle semble sur le point de l'avaler. On t'intime l'ordre de te baisser pour passer la tête à l'intérieur. Tu t'assois docilement, non sans éprouver une certaine sensation de légèreté à mesure que tu apprivoises l'espace clos et obscur qui t'entoure. L'appareil fonctionne sur la base de rayons lasers invisibles disposés tout autour de ton crâne. Une voix préenregistrée te détaille la procédure. Un petit bruit t'indique que l'appareil est en marche. Tu aimerais que cet instant dure longtemps car tu te sens, tout à coup, à l'intérieur de cette coquille vide, libérée des moiteurs licencieuses du dehors.

*

Tu quittes les bureaux avec l'assurance que tu ne seras pas bloquée dans tes déplacements par les systèmes de surveillance. Tu consultes ton smartphone. Il est 18 heures. Anna n'a pas répondu. Tu t'énerves. Tu te dis que si elle ne te rappelle pas, c'est à dessein, pour que tu restes comme ça, en absence, à peine une gêne, rien en fait, un signal en suspens, ni dehors ni dedans. Tu lui en veux de te laisser dans un tel inconfort, deviens amère, si amère.

Tant pis, tu te résous à affronter le monde, seule. Tu te diriges vers le premier établissement qui se présente à toi, sa terrasse heureusement déserte malgré les tarifs avantageux de l'happy hour vantée à la craie sur un tableau noir branlant sur le trottoir. Tu pénètres à l'intérieur. L'endroit est petit, teinté d'une couleur sale. Tu te sens tout de suite à l'étroit. Tu vises les deux trois personnes alignées au comptoir, aguichée par le tambour de leurs voix qui résonnent dans le trou filandreux qui leur sert de tête, tu détournes les yeux et aperçois les tables vides au fond de la salle, près de la porte des toilettes. Un immense téléviseur orne le mur. Tu hésites à rebrousser chemin mais ton regard fond sur le plasma telle une mouche sur un halogène. Tu tâches de t'en déprendre, sans succès, tes yeux commutent lasers, ils rayonnent sur le poste en une effroyable guerre de pixels. Ce combat impromptu te grise. Tu décapites voracement chaque individu cathodique que tu discernes, façon attaque de loups la nuit, les pupilles scintillant dans l'obscurité.

À force d'explosions, les silhouettes disparaissent, l'écran se vide de tout indicateur de présence humaine, tu ne vois plus que de la neige, multicolore.

Troublée par la violence de ton hallucination, tu t'affales sur une chaise et te blottis sur toi-même. Tu sens le barman qui s'approche. Tu restes inclinée, digne et discrète, et commandes à voix basse. Le serveur obtempère sans discuter.

Ainsi pudiquement lovée au creux de ton corps, tu tâches de domestiquer le temps et l'espace. Tu calcules que la veille était hier, qu'aujourd'hui c'est jeudi, mince période précédant la fin de semaine, celle où, pour le commun des travailleurs, abus et excès sont autorisés, voire requis, car ils justifient le tunnel hebdomadaire, l'ennui croupi sur les écrans de contrôle, l'anonymat implacable des consignes hiérarchiques, le poids sourd des tâches professionnelles, le vide écœurant des pauses. Nécessité hygiénique du week-end : minuscule vortex censé rassembler les salariés au repos dans une valse d'expériences communes qu'il s'agira de confesser les jours ouvrés, lors d'un café machiné grisâtre, d'un trajet bus collé serré, ou d'un déjeuner micro-ondé. Quand tu travaillais, du vivant de ton mari, vous invitiez souvent Anna et son compagnon du moment à aller dîner en ville le vendredi. Il n'était pas rare que vous finissiez la soirée complètement ivres, surtout toi, tu as toujours eu un petit faible pour l'alcool. Mais depuis ton chômage et la disparition de Charif, tu te sens à distance de ces choses-là.

On t'apporte ton verre. Tu t'astringes immédiatement de mauvais vin, masquant ta solitude par d'incessants coups d'œil à ton smartphone inerte, feignant l'indifférence à l'égard des autres, tellement agacée de n'être rien pour personne et que personne ne soit rien pour toi, pas même un visage. Tu te résous à écrire à Anna que tu l'attends dans ce bar. Tu n'obtiens aucune réponse. Ton amertume augmente d'un cran. Tu recommandes un verre, puis un autre, t'impatientes à guetter un signal, quelque chose à quoi t'arrimer, mais rien ne se passe, non, rien ne se passe. Au bout d'un long moment, tu t'aperçois que ton téléphone capte mal. Le réseau se brouille par intermittence. Peut-être Anna t'a-t-elle répondu ? Peut-être n'as-tu pas reçu son message ? Peut-être est-elle déjà là ? Peut-être ne t'a-t-elle pas vue au fond de la salle ? Peut-être t'attend-elle au comptoir ?

Alors, tel un marin hissant les voiles et mettant le cap sur le pays des ombres, tu prends sur toi, ingurgites ton énième verre d'un geste fugitif et te diriges vers les autres. Tu les aperçois à peine. Scalpés de leur faciès, les corps perdent la face. Ils s'évaporent, nuages chahutés par le vent, abandonnant leur aspect, se libérant, fantômes, de leur pesanteur, et se dissolvant dans les étoffes, à la surface des vêtements, dans les revers des tissus. Impossible de reconnaître ton amie au milieu de ces étranges présences. Toutes, autant qu'elles sont, virent *milieu*, *atmosphère* ou *saloon*, comme ces peuples de la vallée de l'Omo, en Éthiopie, se maquillant à outrance avec des peintures colorées recouvrant l'intégralité de leur tête, paupières comprises, peintures au grain parfois boueux, mélangée à des éléments végétaux, fleurs, brindilles et feuilles. Comme eux, mais à leur insu, les gens ne sont plus discernables du paysage environnant, visages paysages, paysages visages.

Ils se mêlent aux objets qui les entourent ou qu'ils portent : un chapeau, un bijou, un vêtement de couleur. Tu es perdue au milieu de la jungle. Sur le qui-vive, à l'affût du moindre détail pouvant t'indiquer à qui tu t'exposes, tu fouines, tu rumines, tu évolues à pas de loup, tu fourrages, tu fougères, tu fauves, épies prédatrice, traques et peines à découvrir les silhouettes tapies dans le décor tels des crocodiles endormis dans leur vivarium, façon arbres échoués dans la vase.

Au gré de tes gorgées, tu abdiques peu à peu, abandonnes finalement les corps-troncs à leur exil, abrogeant les repères vaguement cartographiés (chaque personne épinglée par un signe), et te laisses porter par ce que tu devines circulant au milieu de vous. Tu ne sais plus qui te sert à boire et tu t'en moques. Anna n'est pas là et ne viendra vraisemblablement pas. À chaque tournée, tu lèves le menton pour remercier le ciel de ton ivresse, irrévérence à peine feinte, iconoclasme narquois, espérant qu'on te resserve, sans sacrement ni bénédiction. Tu entends les phrases ricocher autour de toi, pop-corn éclatant parmi les grains de maïs grillés. Tu as soudain envie de balancer ton verbe au gré de ces chatoiements, sans te soucier de savoir à qui tu t'adresses. Mais l'alcool t'empêche de parler, te bâillonne au moyen de sourires béats. Un vacarme spongieux marine au fond de tes oreilles. Tes yeux croupissent dans une mare de larmes avinées. Tu te sens ankylosée jusqu'à la moelle, tu résistes à de puissantes rafales de vent imaginaires, comme si un orage diluvien s'était invité dans la pièce. Tu tentes de ne pas t'avachir et de rester droite. Ta colonne ploie régulièrement. Pour un peu, on l'entendrait grincer.

Tu restes donc là à conjecturer un propos, tu en remugles le besoin, malgré les traits saturés de tes interlocuteurs. À un moment, sous l'effet d'on ne sait quelle alacrité, tes épaules moribondes se mettent à hoqueter. Presque une danse. Au milieu de fards chatoyants, le bar vire enjôleur, vestibule lumineux de plaisirs dérisoires. Ainsi ragaillardie, tu inspires à fond, dilatant tes poumons au maximum. C'est tout ce que tu maîtrises, ce souffle : le reste de tes gestes n'est plus guidé que par un inconscient lui-même imbibé, mélange précaire de réflexes mimétiques et de mécanismes gravitationnels. Tu relâches d'un coup ton diaphragme, tentant d'expulser quelques mots dont tu te fiches de la teneur. Un magma fiévreux de bile et de graille fétides te ravine le gosier.

Tu craches une glaire riche et grasse dans un coin.

Ton corps se transforme en sucs, il se fait chair, tu le sens se connecter avec les matières, le sol, le comptoir, les tables et les clients. Dans le monde qui surgit devant toi, la défiguration qui s'opère vaut libération. Elle ôte la vulgarité au commun, vulgarité des conversations inutiles et autres balivernes. Avec les gens transformés bourrasques, tu n'as pas le loisir de discuter, plus personne à qui véritablement *t'adresser*. On ne s'adresse pas à une bombe en train d'exploser ou à un brouillard évanescent évoluant à toute vitesse. Une adresse appelle une présence fixe, si ce n'est un domicile, du moins un référent. Tu ne perçois autour de toi qu'une masse joyeuse et frivole, parcourue de flux de sensualité, tu t'y abandonnes en flots postillonnants t'allurant vive puis, lentement, te rissolant oblongue en paresse. Le désir consent à ta métamorphose. Il t'emporte en caresses loin de ce bar et loin de chez toi.

*

Tu es tu ne sais où. Au milieu de vapeurs éthyliques, tu devines un inconnu dissimulé sous les draps. Tu es quasiment nue à ses côtés, tu sens une de tes jambes emmêlée à la sienne, tu n'aurais qu'à remuer le pied pour le dénuder lui aussi, mettre un terme à la puissance de cette masse bacchanale qui bâille de plaisir dans chacun de ses plis, geste impudique qui ferait l'effet inverse d'un strip-tease car c'est ainsi éparpillé dans le tissu, loin de toute coquetterie, le corps sans queue ni tête (et non dans la fausse ambiguïté du dévoilement) que ce type rayonne concupiscence ; ôter le drap, même lentement, annihilerait ton envie de lui.

Tu le devines à peine et, dans cette demi-obscurité, bizarrement, c'est à Charif que tu penses, tu te souviens de sa douleur rendue muette par la tumeur ayant envahi sa bouche, la langue gonflée en une hydre putréfiée chargée d'une haleine empoisonnée. Bâillonné de sa propre chair, Charif, ce silence malodorant amarré dans le sol comme un arbre aux racines tentaculaires, les branches bourgeonnant de toutes parts, jusque dans sa gorge, orgie de sève printanière, libidineuse et mortifère. Tes relents d'alcool te rendent mnésiquement indécente, tu t'en rends compte, à moins que ce ne soient tes visions. Tu sens ta chair envahir ton petit monde cérébral autant qu'elle empoisse l'extérieur. Tu songes à ton mari et en même temps que la peine, le désir te gagne, tu sens sa langue, vigoureuse et turgescente, il est en toi, tu es en lui, cancer, tu prolifères dans les draps ne finissant pas de vous contenir, l'inconnu et toi. C'est ainsi que vous faites l'amour dans cette séminale blancheur rendue invisible par la pâle obscurité nocturne, collés de proche en proche comme des cellules métastatiques, en partage du même plan et de la même présence.

Soudain, une lune brutale s'écarquille à la fenêtre. Elle efface la pénombre en placardant ses phares. La pièce perd d'un coup son étrange familiarité organique. Tu sursautes et quittes à la va-vite le lit devenu sinistre laboratoire blanc carrelé. Tu rassembles tes affaires à la hâte, sans un regard pour l'inconnu que tu n'auras jamais vu. Il n'a pas le temps de dire un mot que tu te renfrognes déjà dans un taxi.

Chez toi, t'abandonnes un instant au mal de tête avant d'avaler une aspirine. Le chat apparaît. Tu le distingues à peine du tapis. C'est une brosse géante. Tu le vois, il caresse les choses, il fait corps avec elles, alors que rôdent encore dans l'appartement la tumeur, le cancer et la mort. L'appareil à respirer traîne dans un coin, la bouteille à oxygène est mal remisée dans un placard. Après le décès de Charif, Anna t'a dit, prends ce chat, tu ne peux pas rester seule, il te faut une présence, quelqu'un qui partage ton intérieur, qui te suivra comme ton prolongement, tu verras, un chat, c'est petit, discret, propre, un peu sauvage mais tellement câlin, il te comprendra. Depuis, ton chat envahit l'espace, il ne cesse d'aller et venir, il empeste l'atmosphère de ses poils et de ses ronrons, laisse traîner ses odeurs, s'incruste partout, dans les moindres recoins, sous les coussins, dans ton lit, dans ton cou, dans tes cheveux ou carrément à l'intérieur de tes bottes. Parfois, tu te dis que tu aimerais faire comme lui : fuir les angles droits et te repaître d'interstices. Ta vue iconoclaste t'y entraîne, ton corps gluant s'immerge lui-même, mais tu te retiens. Tu laisses l'animal à ses étranges métamorphoses et machinalement, stupidement, te diriges vers la salle de bains.

Le tissu recouvrant le miroir est tombé. Tu t'en aperçois trop tard. Explosion. Un photomaton dans chaque œil, ton visage phosphore simulacre dans la glace, parodie de portrait, lèvres qui s'anguillent dans l'exagération, cernes piscines qui débordent, la peau s'ourlant outrancière. Tu tâches de rester calme en te lovant dans tes habitudes. Tu sors le blush et le mascara comme si de rien n'était. Tu procèdes par détails, en petites touches successives qui sont autant de gestes réflexes. Tu t'entubes, tu en ricanes, pleine d'un mépris nouveau à l'endroit de tous ces gens qui s'échinent à reconnaître une effigie chaque fois qu'ils aperçoivent leur semblable, tellement ridicules quand ils prétendent deviner, dans le masque bouffi du nouveau-né, les ressemblances avec tel ou tel aïeul ou quand ils épinglent, au mur de leur demeure, la photographie de leur chien, comme si son regard valait sourire et sa langue pendante, marque de tendresse. Tu contemples le lacis de lignes molles incompossibles qui dessinent ta face ; *ta face*, quelle mascarade. Le visage comme adresse, internet fourmille de ces photos, sur les fameux réseaux sociaux ; certains singent l'anonymat et se la jouent pirates en arborant un masque de Casanova, ils oublient que c'est toujours un visage qu'ils utilisent, un visage, encore et encore, avec lequel ils s'expriment,

un visage pour tout le monde, l'humanité est visage,

Visage people,

tu te gausses, légère d'un coup, tu penses à Michael Jackson, le visage de tous les peuples, de toutes les couleurs, de tous les sexes, à la fois noir et blanc de peau, à la fois homme et femme, à la fois adulte et enfant, robot et mort-vivant, mais visage vedette d'une foule d'individus s'imaginant aussi uniques que leur faciès grotesque.

*

Ton smartphone t'informe par une notification sonore que ton profil a été vu par trois employeurs. Un SMS t'indique que tu as rendez-vous aujourd'hui avec l'un d'entre eux. Si tu refuses de t'y présenter, tes indemnités de licenciement seront diminuées de moitié pendant six mois. Il s'agit d'un poste d'hôtesse dans une banque d'investissement. Tu t'administres immédiatement deux cachets de calmant. Un brouhaha te conduit au lieu-dit, à l'heure donnée. Tu avances corridor, simple corps véhicule portant tête, habitée par un sentiment d'irréalité, comme si ce n'était pas toi qui marchais mais que tu étais acheminée par un escalator au milieu d'une zone de transit. Au pied d'un bâtiment intégralement vitré, parmi une foule vêtue de costumes et de tailleurs anthracite, tu divagues sur une dalle rectangulaire, en quête d'un numéro ou d'un nom, pénètres dans un vaste hall, vises un mur recouvert de plaques arborant logos et sigles d'entreprise. L'une d'elles t'indique un étage.

À peine sortie de l'ascenseur, tu te kaléidoscopes. L'open space invite à la circulation des regards. Le tien explose littéralement. Tu baisses les yeux et glisses timidement sur le sol jusqu'à une chaise sur la gauche qui te fond dans son immobilité. Ainsi prostrée, tu sursautes à chaque mouvement que tu repères malgré toi : quelqu'un traversant la salle en maniant son portable, l'imprimante qui se met en marche dans ton dos, les allées et venues, le cliquetis des frappes sur les claviers. Tout est étrangement silencieux ici, alors que les flux sont innombrables. Les gens travaillent en faisant salon, ils chuchotent leurs analyses à leurs écrans et mâchouillent leurs idées en tapotant le faux cuir de leur fauteuil ergonomique. Ils sont eux-mêmes bureaux-machines-fauteuils, indiscernables de leurs tâches dématérialisées, conseils, audits ou courtages.

Tu entends soudain, plus nettement, la voix d'une femme qui te suave des sussures en grandiloquence niaise à l'oreille. Tu lèves la tête pour la regarder et te retrouves nez à nez avec une étrange boule à facettes tournoyant dans le vide. De son timbre scintillant, elle t'attire irrésistiblement dans son tourbillon. Elle ne prend pas la peine de se présenter. Elle s'enquiert à peine de ta motivation. Elle a manifestement déjà pris sa décision. Tu devines à ses questions insidieuses que la raison pour laquelle on t'a convoquée ici est qu'il fallait que te soit clairement notifié ton renvoi des fichiers. Les procédures gagnent à être mises en scène. L'humiliation qu'elles génèrent renforce l'autorité de celui qui les applique. Tu le comprends clairement au monologue cristallin que ton interlocutrice finit par te servir comme un pensum métaphysique :

— Nos visages ornent les billets de banque, les couvertures de magazine et les affiches électorales, sucre glace sur papier glacé, que du trait fin et du rictus satiné, du cachemire dans les cils, de la soie dans les paupières, du velours en pupille, l'argent est le chiffre de notre existence, ni sale ni blanchi, mais rose, rose comme une Cadillac sixties, défilant lentement sur quelque avenue présidentielle, floquée d'une foule bigarrée en un camaïeu d'extases. Pour le commun des mortels, acquérir une chose (ou un service), c'est obligatoirement se soustraire d'une autre chose. Toute possession se mérite. Il faut la payer. La rétribution est un sacrifice consenti. Pas pour nous car nous, nous nous enrichissons *gratuitement*, simplement en jouant. Pour les autres, une chose gratuite (ou un service), n'a pas réellement de valeur car elle ne leur a rien coûté. Dans certains cas, la gratuité leur est même suspecte : gratuité de la folie amoureuse, gratuité de la folie meurtrière. C'est la raison pour laquelle ils nous admirent et nous craignent. Nous ne *gagnons* pas notre argent : nous le *faisons.* Nous faisons de l'argent *gratuitement*. Nous sommes des putes, l'invulnérabilité en plus ; et des délinquants, la violence virile en moins. Visages en gros plan tout en faux-semblants.

À mesure que se précise son propos te gagne l'impression que sa face va t'être imposée en panorama, masque totem que tu seras obligée de contempler sans même pouvoir cligner les paupières. Tu te sens prise de nausée, tu vas éclabousser de vomi ce visage qui menace de s'afficher sous tes yeux, le dépecer de tes glaires, l'imprégner de ta chair. Tu bricoles un sourire au moyen de tes traits ravagés, bredouilles une excuse inintelligible, et l'entends dire, pendant que tu t'éclipses :

— Désolée. Vous ne serez pas des nôtres.

*

Ta conseillère en réinsertion te convoque dans la journée. À l'heure dite, elle commence son entretien soliloque en t'expliquant qu'elle applique la procédure : deux réponses négatives successives de la part d'employeurs classés "A" équivaudraient à un échec, donc nécessité d'améliorer dès maintenant ton employabilité, tant sur le plan moral que physique, l'un n'allant pas sans l'autre, c'est évident. Si tu refuses de t'impliquer, tes indemnités seront encore diminuées de moitié pendant six mois. Le ton est à la fois ferme et bienveillant. Elle ne voit pas que tu es en train de forer au-dedans de toi-même, puisant dans ces profondeurs le suc qui vous contient toutes deux, elle et toi, matière spongieuse dégoulinante, paquet de terre décongelée au printemps. Ta conseillère n'a que faire de ces clandestinités. Elle te le redit sur le même ton :

— Le respect, c'est la clé. *Respectez-vous vous-même.*

Elle te reproche de ne pas être assez présente sur le net : pas de profil LinkedIn, pas de compte Twitter, rien sur Instagram. Ton identité numérique est trop réduite. Quelques partages de pages en lien avec le cancer, un réseau social centré sur la famille, des posts souvent énervés et dépréciatifs. Tout ceci manque d'ouverture. Pour y remédier, elle te propose de t'aider à te mettre mieux en valeur, y compris sur des sites de rencontres. Peu importe l'orientation sexuelle, croit-elle utile de préciser, mais une vie amoureuse active est essentielle, elle fait partie des critères de recrutement. Il ne faut surtout pas afficher un statut de veuve esseulée. Quelques photos aguicheuses peuvent augmenter de 30 % tes perspectives d'embauche. Encore faut-il que ton corps ait été traité. Elle reprend les analyses du chirurgien et signe le devis pour la deuxième phase de relooking.

— *Commencez par vous aimer vous-même.* C'est à cette condition que les autres vous apprécieront.

Transférée à la clinique Cesari tête nue, tu patientes dans la salle d'attente où de nombreuses faces chrysalides grésillent à propos de leur métamorphose. Tu es reçue par le chirurgien, celui-là même qui t'a opéré la face. Tu ne le reconnais évidemment pas. En revanche, sa main dans la tienne est un régal. Tu regrettes qu'elle s'enfuie si prestement. Il t'invite à te déshabiller sous une lumière artificielle atténuant ombres et reliefs. Il te place nue, debout, bien droite, devant un grand miroir, et se penche pour t'ausculter à l'aide d'un crayon noir, de ceux que l'on utilise pour se maquiller les sourcils ou les lèvres. Il observe ton corps en silence. Puis, subtilement, avec tact et dextérité, partout sur ta peau, il trace des lignes claires censées souligner les contours idéaux de ta personne et pointer les disproportions actuelles, là où il faudra intervenir. Il zone ainsi la surface de ta chair, la parcourant en autant de territoires, territoires dont il s'agira, t'annonce-t-il d'une voix crème, de révéler la spécificité en en valorisant les ressources grâce à l'effet combiné de plusieurs techniques (acide hyaluronique, peeling, Botox, laser, radiofréquence, etc.). Il veut polir ta silhouette, la raffermir par endroits, surtout ne pas la trahir, mais en révéler le profil superbe en en respectant simplement les limites naturelles. Il ne considère pas isolément les différentes parties de ton corps. Elles ont chacune leur profil et leur identité propre mais c'est dans leur ensemble qu'il faut interroger leur cohérence, en faire jaillir l'écosystème. Un écosystème est constitué d'entités individuelles dont les interactions constituent un tout homogène et stable. C'est cet équilibre qu'il veut découvrir pour le magnifier.

En écho à ces paroles empesées, tu t'apprêtes à le toucher, la caresse en tumeur de vos chairs emmêlées. Ton corps devient le lieu que vous habitez, il bave et papote glu grouillante de gaz en gargouilles, il en met partout, tu t'agrippes au docteur, deviens sa bouche, jouis de vos joues, lui ôtes sa chemise, vous êtes faits de la même matière. Il recule en un geste brutal réinstaurant la distance nécessaire à ses calculs et à ses visions.

— Le respect, c'est la clé. *Respectez-vous.*

Tu improvises une excuse et oscilles, docile, vers tes vêtements.

Tu es attendue dès le lendemain pour une première intervention. Tu dois t'épiler le corps intégralement et le désinfecter en te badigeonnant de solution alcoolique. Tu dois également rester à jeun et, si possible, garder ta vessie vide. La nuit sans sommeil, les yeux perdus dans la pénombre, tu flottes dans ton corps aseptisé qui n'est déjà plus le tien mais l'a-t-il jamais été ? Tu marches au plafond, irradiant d'ondes charnelles, tu es une plante grimpante qui se fond dans le creux du monde.

Le jour suivant, la clinique t'accueille à l'heure convenue dans un soupir de portes vitrées et un sourire charte qualité. Tu es prise en charge dès ton arrivée, te laisses guider vers la chambre médicalisée, déshabillée à quatre mains, telle une reine, Cléopâtre à la beauté éternelle. La vulve est un visage. L'infirmière te l'explique : tu dois assumer ta féminité, tailler tes petites lèvres te permettra de ne pas avoir peur de les exhiber au moment opportun, tu gagneras ainsi en confiance, en attractivité naturelle. Il ne s'agit pas de déflorer la personnalité de ton sexe, encore moins d'atténuer son originalité, il s'agit de le lustrer comme un bijou pour qu'il resplendisse pleinement. La liposuccion sur les cuisses et le bas-ventre obéit à ce même objectif, éviter que le sexe ne soit masqué afin qu'il s'affiche clairement dans sa beauté nue et fragile. Tel est l'équilibre de l'écosystème de ta région pelvienne.

Cette voix louche t'importune. Tu l'imagines portée par un panneau publicitaire géant, de ceux qui sont placés le long des principaux axes routiers. Lentement, tu relèves la tête pour dévisager celle qui te parle. Tu sais que ton geste annihilera son propos, tu l'effectues donc lentement, en te délectant par avance du plaisir que tu auras à la défigurer. Tu hausses enfin le menton, un tas d'intensités anonymes t'explosent à la gueule, tu te vautres dedans, gouffre peuplé d'éléments insaisissables s'effondrant en eux-mêmes, tu le scrutes au scalpel, trifouilles cutter, imagines son sexe à l'avenant, convulsant torche vive et palpitante, tu t'esclaffes bruyamment. Ça ne dure qu'un temps. Ton rire s'efface sous l'effet de plusieurs injections indolores. Dans ton sommeil morphinique, un léger rictus limace ta bouche.

Peu après ton réveil, tu es invitée, grâce à un miroir télescopique, à contempler ta nouvelle vulve. Elle est censée s'être pleinement révélée dans sa différence sous le scalpel du professeur Cesari. L'infirmière s'extasie à la manière d'une vendeuse flattant une cliente au portefeuille bien garni. Bien sûr, les hématomes et les points de suture ne permettent pas d'apprécier totalement le résultat, mais les tissus vont se détendre peu à peu, et les teintes violacées virer au rose. L'idée est là, il faut patienter un peu pour que cela soit parfait.

Tu ravales un soupir moqueur. Tes yeux s'envaginent dans les plaies. Tu contemples ton sexe, ta vue se brouille, elle peuple tes chairs de nodules, les pétrit de matières surabondantes, les colonise de boursouflures exubérantes. Tu es corruption jusqu'au-dedans de toi-même, cela te ravit. Tu jouis de la régence illégitime de tes organes tuméfiés sur ton pauvre regard. Tu as l'impression de ne faire qu'un avec la vie.

*

Tu as de nouveau recouvert le miroir de ta salle de bains. Tu ôtes le tissu de temps en temps pour te maquiller, tu as gardé plaisir à le faire malgré tes visions, mais tu te lasses de ne pouvoir apprécier le résultat sans être prise d'hallucinations démoniaques. Même si chaque détail de ton faciès, pris isolément pour objet de soin, te demeure familier, il te reste impossible, quand tu recules et que tu observes le tout avec une certaine distance, de te reconnaître avec évidence.

Un jour, par agacement ou amusement, tu ne saurais dire, non contente de te maquiller, tu grimes aussi le voile, tu lui dessines une bouche, des yeux, des narines. Tu le places sur ta tête. Le masque est ridicule mais il te fait rire. Tu te sens de nouveau frivole et légère. Tu souffles sur le tissu pour le faire vibrer. Tu joues avec la lumière, à la fois présente et absente. Tu te rends compte que le voile te procure quelque chose que tu crois n'avoir jamais réellement éprouvé : une *intimité*. Ce simple tissu devant tes yeux t'incite à la retenue, non pas à la solitude aveugle, plutôt au recueillement. Tu souris à l'idée que tu es en train de penser comme une religieuse, toi qui as toujours considéré avec dédain les superstitions ridicules sur l'au-delà. Mais le fait est que tu te sens bien, enfin chez toi derrière ce voile, à l'abri des menaces extérieures, jalousie éclaboussée du soleil de Méditerranée, protégée de ses rayons et du regard des passants. Tu apprécies ta nouvelle *pudeur*.

Tu entends le chat. L'appartement vibre de ses ronronnements. Tu relèves le voile pour le regarder. Sa fourrure s'est encore épaissie. Tu ne vois qu'elle. Elle a envahi la pièce. Cela t'est pénible. Il faudrait que tu te débarrasses de cet animal. Tu remets ton voile. Calme et repos te gagnent. Une fois n'est pas coutume, tu allumes la radio. Les voix te parviennent filtrées par le tissu, elles ont une teinte plus vive que d'habitude, tu les entends se câliner l'une l'autre, le jeu de la conversation s'éparpille en fluidité, tu es au milieu d'elles, elles t'environnent. Il s'agit d'une émission scientifique comme il y en a souvent aux heures creuses, au milieu de l'après-midi. Tu es captée par les propos d'un ophtalmologue qui expose timidement, sur un ton monocorde légèrement haché par l'anxiété, que les photorécepteurs de la rétine fonctionnent comme les cellules cancéreuses, par ingestion de glucose, c'est ainsi qu'elles renouvellent en permanence leur cytoplasme et captent la lumière. Ta vue est cancer. Tu es derrière le voile et tu écoutes, telle une comédienne scrutant les bruits de la salle avant que le rideau ne se lève. Tu goûtes ce qui se dit. Ta vue est cancer, et c'est là le propre de la vision naturelle. Elle n'est possible que par débordement d'énergie, phagocytose des membranes et démultiplication des cycles de reproduction. Tu en deviendrais presque hilare. Tu comprends que ce n'est pas toi qui es folle, bien au contraire : ta vue épouse la vie, elle ne fait qu'un avec ton corps, avec ta chair, elle est moléculaire, elle voit le monde tel qu'il s'imbrique au-dedans d'elle, elle ne souffre aucune distance, ne tolère aucun calcul, ne se réfléchit jamais en un point fixe en dehors du monde, elle déborde rivière, frivole torrent, quitte à perdre haleine et à mourir de joie.

Tu retires ton masque, quelqu'un sonne à l'interphone. Un visage apparaît sur l'écran de contrôle : une notification sonore t'indique qu'il a été reconnu et que l'accès est sécurisé. C'est Anna, Anna Maillard te précise la voix préenregistrée. Que vient-elle faire ici, de manière si impromptue ? Ton esprit déraille, tu redoutes l'intrusion au moment où ta vue dédale vulnérable, tu n'es pas prête à la recevoir, dois-tu ôter ton masque ? Le revêtir ? Comment lui dire, lui faire comprendre ce qui t'arrive ? Tu lui ouvres dans cet état d'esprit, inquiète et indécise.

La voir est un choc. Immédiatement propulsée dans une masse labyrinthique, te faufilant, archéologue, au milieu d'exsudats de peau et de chéloïdes invraisemblables, tentant en vain de reconnaître ici ou là les traits familiers de ton amie, tu l'entends à peine s'excuser du caractère inopiné de sa visite. Tu balbuties quelques paroles de bienvenue. Elle te répond d'une voix dont tu ne reconnais ni l'odeur ni la couleur. Tu devines qu'elle souhaite s'affaler dans le canapé comme elle le fait chaque fois qu'elle vient ici. Tu la suis, rendue muette et gauche par les efforts que tu déploies pour dérober ton regard à sa vue, tu as tellement peur d'être aimantée par le granulé de sa chair. Tu n'entends rien à ce qu'elle dit. Elle s'exprime à la manière d'une équation à multiples inconnues, abuse d'acronymes incompréhensibles et de formules transitives aux corollaires variables, transformant chaque évidence en une énigme. Tu finis par la couper, tu lui demandes si elle te reconnaît *vraiment*, si tu es bien restée *la même* : est-ce que, *oui ou non*, elle a remarqué quoi que ce soit d'étrange dans ton comportement ?

Soudain désagréable, Anna te reproche on ne sait quoi, des non-dits et des sous-entendus, des clins d'œil intempestifs et un peu louches, un regard oblique, par en dessous ou de travers, met ça sur le compte de ton chômage, il faudrait que tu te ressaisisses, que tu ne sacrifies pas votre relation à la jalousie. Tu carabines un propos amer.

— Je ne vois plus normalement. Je ne reconnais plus les gens. Même pas toi. Je ne distingue plus rien, c'est comme si je vivais en plein chaos.

Anna te rétorque qu'elle non plus ne te reconnaît pas, elle le regrette, il faudrait que tu te respectes, oui, que tu te respectes, toi, c'est ainsi que tu pourras respecter les autres.

Tu ne supportes pas un tel écho aux consignes de ton chirurgien et de ta conseillère Pôle emploi. Alors tu furibardes, affirmes qu'elle se trompe, tu vois clair maintenant, tu es chez elle au milieu de ses cellules, tu la vois grouiller avec toi dans le même bain, c'est là que vous êtes, tu n'as pas besoin de ses leçons de morale, le même bain, c'est compris ?

Ton corps vibre à l'unisson de ces proférations. Il résonne dans la pièce. Tes nerfs innervent non seulement tes membres mais également le sol et les murs. Les voilà qui courent, racines, entre les mèches de béton, leur communiquant leur humeur par chocs d'influx. Malgré les secousses, Anna ne bronche pas. Tu la vois avec les doigts, au travers de ta peau, son visage ressemblant à un amas d'humus inerte. Sa nonchalance habituelle prend l'aspect d'une extrême confiance en elle, accompagnée d'un air dédaigneux, alourdi par son immobilité. Elle se lève tout à coup et tu ne peux t'empêcher de lire dans ce geste l'aveu brutal d'un mépris, le signe évident de sa détestation.

Hors de toi tu te lèves à ton tour, tu t'avances à l'aveugle tête en l'air, tu voudrais la retenir, lui prendre la main, mais c'est à son épaule que tu t'agrippes avec lourdeur. Anna explose à ton contact, elle se dégage de ton emprise d'une secousse violente et, ainsi, t'affiche sa face en gros plan sans te laisser la moindre possibilité de te déprendre de cette vision. Elle te révulse si atrocement que dans un réflexe de défense tu lui balances ta tête à la figure. Vos corps se heurtent violemment dans un bruit moite de chairs flasques. Quelque chose craque. Du cartilage, probablement. Vous tombez à la renverse. La chute dure longtemps. Elle vous enlace, vous mélange, et vous plaque à terre. Vous restez là, inertes, masse amorphe en contorsion impossible. Le sol est chaud, chargé d'une odeur ferrugineuse d'hémoglobine. Il vous enveloppe comme une couverture. Tu entends la respiration d'Anna tressaillir en silence. Tu y lis de la colère et de la douleur. Tu ne sais pas si elle est blessée. Elle se calfeutre dans ton sang. Tu restes immobile, recluse dans le liquide spongieux qui vous baigne. Puis tu l'entends, elle se réveille, maugrée une insulte, formule une inquiétude, remue les mains, les bras, se dégage de ton poids et se redresse enfin, alors crie sa surprise, panique tout à coup, se précipite sur toi ; elle t'agrippe, te dorlote, tu te laisses faire, tu rêves de te noyer dans ses bras. Mais Anna t'abandonne avec fracas.

*

Vautré ventre à terre, ton corps résonne dans la pièce à l'unisson des ronrons du chat venu se frotter dans ton dos. Ses pattes sont tachées de sang. Tu te redresses lentement, vérifies ta cloison nasale : tes mains tremblent quand tu les approches de ton nez, mais tu n'as rien, rien de cassé en tout cas. Tu te relèves avec précaution, tu as mal partout. Le chat se met à miauler. Tu le prends dans tes bras, humes son pelage, le câlines abondamment, le visage perdu dans sa fourrure. Au bout d'un instant, il s'échappe de ton emprise et saute sur le sol, laissant flotter derrière lui une gigantesque nuée de poils luminescents. Tu te retrouves là, empesée debout dans ce brouillard animal, sans savoir quoi faire. Tu aperçois ton smartphone sur la table basse. Tu chasses l'air autour de toi pour te frayer un passage. Tandis que tu t'empares de l'écran tactile, tu remarques que ton profil a été vu par cinq hommes répondant à tes critères : entre quarante et cinquante ans, corpulence moyenne, employé supérieur voire cadre. Tu compulses machinalement leur visage sur ton appareil. Ils cotillonnent en brindilles cérémonieuses à l'écran, tu te disperses au milieu d'eux, deviens diasporique parmi leurs cannelures, tu t'éparpilles en grains de poussière dans les pores béants de leur peau filandreuse, tu deviens microbe, tu les gangrènes, tu les inocules, tu t'hémorrages avec leur sang, enrages virale, et réduis au néant, à force de malignité, leurs chairs égotiques et prétentieuses.

Ton smartphone ne tient pas compte de ta fébrilité. Il répond positivement à un de tes gestes intempestifs et valide malgré toi une demande de contact. Une conversation s'engage avec Fahim. Tu es surprise que l'on s'adresse à toi. Le texte chasse d'un coup les fantômes de l'image et installe une présence qui te tétanise. Tu es requise de répondre. Tu le fais par une succession de oui. Le rendez-vous est fixé dans une heure avec une étrange économie de signes.

Fahim est géolocalisé à deux pas de chez toi. Tu recouvres tes habitudes d'apprêt, hésites à prendre le voile. Tu te convaincs que c'est indispensable : puisque tu es condamnée à ne pouvoir distinguer de visage chez celui qui t'invite, pourquoi l'autoriserais-tu, lui, à te dévisager ? Tu le plies délicatement et le places dans ton sac à main. Tu le revêtiras le moment venu.

Tu sors en tâchant de te rappeler où se trouve le troquet dans lequel vous devez vous rejoindre. Tu as le vague souvenir d'être passée plusieurs fois devant. Tu essaies de te repérer aux trottoirs et aux façades mais c'est comme si les lieux avaient disparu. Tu reconnais les rues, arrives à te diriger mais ton quartier a perdu son aspect *commun*. Il est aussi neutre qu'une zone. Le monde zoné est gouverné par un petit groupe de géographes, technocrates de la ligne. Tu sais à quoi t'en tenir. Tu te munis de ton smartphone, actives le GPS et te laisses guider par ses indications.

Tu entres dans l'établissement avec crainte. Tu as la sensation de franchir une frontière. Ton portable ne capte plus. L'environnement se capitonne. Il forme une étendue bigarrée, trouée çà et là de vortex imperceptibles capables d'avaler d'énormes individus par précipitation invisible. Tu peines à te frayer un passage au milieu de ces sphincters diaphanes. Tu t'assois enfin à une petite place dans un coin et t'abîmes dans la contemplation de la nappe en papier bordeaux qui recouvre la table. Les nervures de cellulose forment un visage surmonté d'un chef. Il te semble reconnaître le tien. Oui, c'est toi, c'est toi que tu aperçois là, sous tes doigts, tu es faite de pierre, de papier, d'un peu de métal aussi, métal qui, en touchant la table voisine, te connecte à elle, et, de proche en proche, à toutes les tables de la salle ainsi qu'aux fauteuils rembourrés cuir écrasés par les fesses des convives. Tu souris à l'unisson de ces masses adipeuses qui gigotent à chaque parole, à chaque gorgée de bière, et tu bois toi aussi, et tu avales, tu avales tout ce qui t'entoure. Mais d'un coup, te reprends : il faut que tu te calmes, que tu mettes un terme à tes hallucinations. Tu consultes ton smartphone. La réapparition de la petite barre de réseau atténue ta fébrilité.

Tu lances l'application "rencontres" : elle t'indique sur un plan la progression de celui qui te rejoint. Tu le vois remonter la rue où tu habites, contourner ton immeuble et parvenir devant le bar-restaurant. L'électronique vous relie. Tu l'imagines, lui aussi rivé à son appareil lui désignant ta place, pile là où tu es. Tu n'oses relever la tête quand il pénètre ici. Tu éteins ton portable et patientes anxieusement. Tu le sens enfin se présenter à ta table, ou peut-être n'est-ce pas lui. Tu entends une voix prononcer ton nom. Tu décides de t'y fier tout en ne lui concédant aucune attention. Tu l'invites par deux mots à s'asseoir. Tu devines au bruit qu'il fait qu'il s'installe péniblement. Tu contemples toujours ton reflet dans la nappe. Tu t'y amarres autant que possible en essayant d'éviter la perfusion contagieuse aux autres, métaux, cuir et organismes. Tu te concentres sur ton ouïe. Tu l'entends prendre la parole. Il t'explique sur un ton penaud qu'il préférerait ne pas retirer ses lunettes noires. Puis, après un court silence obséquieux, te demande, avec une politesse quasi enfantine, si tu veux bien veiller sur sa canne blanche.

Tu mets un moment à prendre la mesure de la révélation : un aveugle te fait face. Tu te sens d'abord stupide, mais peu à peu, la découverte te transporte. Tu te résous à relever la tête et à ne rien censurer de tes visions. Ainsi ta vue fouille-t-elle son visage. Celui-ci t'apparaît salmigondis, en majesté tempétueuse, tournoyant carrousel. L'abîme de ses césures lumineuses rédime ton regard, tu vertiges dans sa peau vaseuse, te pores dans ses lignes inchoatives. De joie, tes mains trouvent les siennes. Il n'osait l'espérer. Vous vous agrippez l'un à l'autre, tu as l'impression de danser la valse, tu le scannes à toute allure, te loges dans les méandres de ses fines adipositésì, vires

envie,   envie,
virgule,   virage,
virus,

Tu n'es plus toi,
non,
tu n'es plus toi.

Alors profuses du verbe, tu peux enfin partager ce que tu vois ! Des flots de paroles jaillissent rivière en crue de ton corps, mélodie en sous-sol, tu murmures et chantonnes avec tes doigts, un ballet de mimes, une hache dans chaque main. Lui se corrode à ton contact, se mêle à tes délires. Vous ricanez des autres clients, ceux-là que vous devinez à peine mais que vous imaginez vous toiser, l'arrogance faite vision, le mépris cinéma, pétrifiés par leurs mirettes stupides qui leur paralysent le corps comme des cratères calcinés au sommet d'un volcan endormi. Vous chuchotez complot : il faudrait les leur arracher, ces mirettes, et libérer la lave de leur organisme. Ça leur apprendrait, à ces soldats de l'optique. Vous riez à voix basse de votre audace, vous vous insectez en creux de vos dires, déjà bavant sur leurs tronches de poker-face ou dessillant leurs cils assassins de vos mandibules. Tu lui confesses que tu as dissimulé un voile dans ton sac à main, tu pourrais le placer sur ta tête en étendard, vous seriez ainsi tous les deux pirates, toi avec ton masque et lui avec ses lunettes noires. L'idée l'amuse follement. Tu t'exécutes aussitôt.

Tu ne saurais dire ce qui s'est passé ensuite : bousculades, insultes, coups. Tu te vois courir dans la rue avec lui, bifurquant à chaque intersection, avalés par la course, épouvantails épouvantés, fuyant à toute blinde, puis grimper dans un bus, y chercher stupidement refuge. À peine installés, les regards se braquent sur vous. Vous êtes gênants. Le voile, la canne et les lunettes noires. Vous menacez l'ordre scopique, ils n'apprécient pas, tentent de vous réprimander de leur air supérieur, la leçon de morale coincée dans leurs paupières à demi closes sur une pupille lorgneuse. Vous ignorez ces rappels à la loi, vous campez chaos debout et filez chez toi.

Arrivée devant ton immeuble, tu te heurtes contre le portique d'entrée automatique à reconnaissance faciale. Il n'a pas identifié ton visage sous le voile. Dans ta précipitation, tu as omis de l'ôter. Tu te conformes à la procédure en râlant. Fahim doit également s'y soumettre. Tu valides son portrait comme "connaissance". La porte s'ouvre enfin, comme à regret. Vous forcez quelque peu le passage et la claquez violemment pour vous venger.

À l'intérieur, vous demeurez un instant à l'affût de bruits extérieurs qui trahiraient la présence de vos poursuivants. Le temps et le silence dissipent heureusement votre inquiétude. L'appartement respire le chat. Sa toison vous enveloppe, elle vous love en caresses. Ainsi vous insinuez-vous l'un l'autre en ivresses animales au milieu de l'espace saturé, corps sublimés sans ombres ni lumière, déshabillés en vitesse sans aucune mise en scène. À l'aide de vos doigts mêlés, vous évaluez une à une, sur ta peau nue, par une légère pression de la pulpe, chaque retouche chirurgicale que tu as subie : le nez, les lèvres, les pommettes, les seins, le bas-ventre, les hanches, le pubis, les fesses ; à l'aide de vos ongles, discernez les peaux mortes des croûtes de sucs desséchés ; à l'aide de vos narines, humez l'odeur des lotions désinfectantes mêlée à celle du sang flétri dans un hématome engorgé ; à l'aide de vos langues, goûtez le sillon de tes stries rampantes, savourez le grain de tes accrétions bourgeonnantes. Vous jardinez ainsi, entre marécages et parterres de fleurs au milieu de tes chairs déformées, vous retrouvez les lieux familiers et sauvages de ton corps usurpés sous les zones impérieusement cartographiées par le ministère du Travail en autant de faciès monstrueux. Un visage n'est rien, il s'ôte comme un gant, depuis le haut de la gorge jusqu'au front, en le retournant sans même avoir besoin d'inciser tout autour, on peut l'échanger et le greffer sur quelqu'un d'autre ; on réduit bien les têtes, depuis la nuit des temps ;

l'essentiel est ailleurs, dans ce qui ne se donne pas mais bruisse discrètement.

*

Vous êtes interrompus par la sonnerie du système de sécurité. Après trois longs bips stridents, la voix préenregistrée t'ordonne de ne pas sortir de l'appartement. Une opération de police est en cours. Tu t'écartes de Fahim, t'habilles à la hâte et te postes à la fenêtre pour observer la rue. Tu sens la présence d'individus camouflés, phasmes sans queues ni têtes fondus dans le décor. Fahim t'alerte. Il entend des pas dans le couloir. Ils sont trois, peut-être quatre. Ton comportement a dû être signalé. Un voisin, un passant, un ami, peut-être Anna ? Tu aides Fahim à prendre sa canne et le conduis dans la salle de bains. “Reste là”.

De retour dans le salon, tu aperçois le chat recouvert de ton masque. Il chahute avec le tissu, grimace pelage. Tu tentes de le lui arracher. Il s'enfuit prestement. Soudain la porte s'ouvre. Entrent une personne, puis une autre, et encore une autre. Ils dégoulinent dans le salon en une masse boueuse comme une rivière en crue. Tes jambes se figent au contact de cette présence saumâtre. Alors qu'ils sont d'un coup partout dans la pièce et que tu te noies dedans, tu les entends, ils discutent calmement. Leurs voix s'aèrent comme des visiteurs dans un musée. Ils te complimentent, émerveillés de se retrouver là, dans un endroit si charmant. Ils souillent ton corps et tes affaires mais font comme si c'était toi qui les avais invités. Ils te remercient chaleureusement de ton accueil. Tu tentes de te dégager de leurs glaires. Tu cherches de l'air en regardant le plafond mais leurs manières te contraignent à t'asseoir avec eux sur le canapé. Tu t'abandonnes alors à leurs simagrées. Tu te laisses faire, mine réjouie, port de tête altier, regard servile prompt à s'incliner à chacune de leurs cajoleries malgré leurs faces froissées en ridules instables. Épousant leurs flux, tu parviens peu à peu à t'arrimer à quelques consistances. Timbre, masse et voix s'ordonnent malgré eux. Tu repères ainsi une psychologue, un gendarme et une assistante sociale, agencés selon le triptyque écoute bienveillante / écoute malveillante / prolixité invasive.

L'assistante sociale est celle qui devise beaucoup plus que les autres. Elle s'enquiert de l'avancée de ta recherche d'emploi comme s'il était normal qu'elle en soit informée, s'exclame que c'est devenu difficile de nos jours, les places sont rares et les employeurs très exigeants, surtout avec les femmes. Ses propos craquellent sous sa langue. Tu entends clairement depuis là où tu es, dans la zone qui t'est impartie, la glotte appuyer sournoisement les gutturales ainsi que les jets de salive lubrifier les diphtongues. Tu la regardes de temps en temps pour bien lui montrer que tu l'écoutes mais t'englues dans ses muqueuses et dois redoubler d'efforts pour t'en extraire. L'autre, la psychologue, manœuvre plus discrètement. Sa signature est moins palpable, électricité basse tension, ampérage faible. Elle s'exprime sans se manifester, ou très peu, de profil et non de face, par des soupirs et quelques interjections qu'elle laisse lentement choir de ses lèvres comme de la crème glacée glissant sur une vitre.

Une certaine familiarité se dessine. Tu te grises caoutchouc au milieu d'eux, t'étioles en langueur, t'avaries sans scrupule. Tu en oublierais presque le gendarme, cramoisi et silencieux, terril de charbon aux prises avec le vent. L'atmosphère s'en ressent. Votre alcôve fermente peu à peu le charnier, la politesse menace câline. Le gendarme interrompt brutalement les manières cajoleuses de vos échanges :

— Et si vous nous faisiez visiter votre appartement ?

Sans attendre ta réponse, tous trois se lèvent et se glissent en vitesse dans le couloir. Tu te précipites pour éviter qu'ils ne pénètrent dans la salle de bains. Tu y parviens in extremis. Tu ne saurais dire s'ils ont remarqué ce que tu manigances. Tu te ligatures un sourire sur la face et, priant qu'il fonctionne, les emmènes dans la chambre.

Le chat est là, sans le masque. Tu le sens vaciller entre l'oreiller et la tête de lit en bois verni. À son contact, tu le sais, sa peau se tanne et ses yeux se rembrunissent. Il se bave dessus une fois lové dans son recoin. Ça te rassure de le savoir ainsi. Tu es tentée de t'étendre au milieu de ses ronrons mais l'assistante sociale s'approche de lui. Tu l'entends commenter la beauté de son pelage avec des mots insignifiants. Plus elle s'avance, plus elle introduit de la distance avec ses banalités. Quelle conne. Tu as du mal à contenir ton mépris.

La psychologue enjambe la couette traînant sur le sol. Tu te rends compte que ton lit est défait. Cela ne l'arrête manifestement pas. Elle aussi n'a d'yeux que pour le chat. Elle s'extasie devant cette parfaite image du bonheur. Elle répète au moins deux fois qu'il a l'air bien ici, qu'il est manifestement parfaitement à sa place. Tu ne dis rien mais tu penses exactement l'inverse : ton chat a le don d'ubiquité, il est partout présent et absent, dans ton lit, comme dans le reste de l'appartement. C'est, entre autres, ce qui le différencie d'une voiture garée sur un parking. Elle te demande s'il t'arrive de dormir avec lui. Le propos est teinté d'insinuation malsaine. Tu ne l'avais pas senti venir. Tu es chat toi aussi, alors maraudes mensongère, et restes allusive.

— Il m'arrive de le retrouver là, le matin, quand je me réveille.

Sans relâcher sa prise, elle élargit la focale.

— S'il ne vous réveille pas, c'est que vous avez le sommeil profond.

Elle te soupçonne de dormir trop, telle la chômeuse que tu es. Tu cherches la connivence en t'appropriant ses conjectures, minaudes propre sur toi et bien sous tous rapports.

— Je ne le sens pas, ça ne me dérange pas trop. Mais je le chasse dès que je me lève.

— Et vous vous levez à quelle heure ?

L'obséquiosité a disparu. Le ton est procédural. Les questions s'enchaînent, courtes et concises, elles fouillent minutieusement ton quotidien dans un ordre conçu en ton absence. Tu te retiens de répondre catégoriquement, évoques chaque fois une ou deux circonstances exceptionnelles qui confirment la règle. Il ne faut pas que tu en fasses trop. Cela te rendrait suspecte. Ils sont à l'affût. Ils se dirigent maintenant vers la cuisine. Tu crains qu'ils ne découvrent Fahim. Tu les guides en t'excusant du désordre.

— Vous ne faites jamais le ménage ?

La vaisselle est avachie dans la crasse, journaux et papiers gras traînent çà et là. Tu sens du dégoût dans leur propos. Tant mieux, te dis-tu pour te calmer, ça les fera partir plus vite.

— Il me semblait l'avoir fait. J'ai oublié, je n'ai pas eu le temps.

Leur silence réprobateur redouble ton angoisse. Tu restes immobile. Au bout d'un long moment réprobateur, tu les sens qui s'ébranlent lentement. Ils semblent avoir perdu la relative fluidité qu'ils avaient en arrivant. Sous le poids de leur jugement, ils sont devenus lourds et presque solides, masse d'argile rigidifiée. Ils t'entraînent avec eux dans le couloir, te piétinent un peu, puis quittent les lieux, sans un regard pour Fahim, resté caché dans la salle de bains.

*

Tu es de nouveau seule dans l'appartement. Avec Fahim, vous avez décidé de ne pas vous revoir pour le moment et d'attendre que les suspicions se dissipent. Tu traînes chez toi, chat se frottant aux meubles en ronronnant ; tu divagues au milieu de l'immobilité, effilochée parmi les choses. Tu es de mèche avec le tapis, de connivence avec le plafond, attirée par la porte autant que repoussée par le miroir. Tu ne distingues rien car tout s'enchevêtre et se ressemble. Tu écoutes les liens qui se tissent, les échos qui se répondent, les forces qui s'accouplent, les champs qui se peuplent.

On sonne. Tu décroches sans un mot. La voix de ta fille envahit les pièces à travers les enceintes du système de sécurité. Elle répète un "allô" étrange. Tu n'as pas l'impression que ses paroles s'adressent à toi. Tu les recueilles comme l'air que tu respires, tu en apprécies la couleur et le grain, tu goûtes leur musique, elles crépitent et croustillent à tes oreilles gourmandes, mais à aucun moment ne t'apparaît la nécessité d'une réponse. Bercé par les ondes, ton corps flotte parmi les vibrations, il pénètre le son, épouse chacune de ses inflexions, bruisse de leurs lumières, se disloque et se recompose à chaque nouveau signal, devient signes lui aussi, syllabes hantant l'endroit comme des fantômes aux abords d'une forêt perdue, danse. Mais voilà que, tout à coup, il se met à crisser. Ta fille s'énerve. Elle se déprend de tes chairs en s'exprimant à l'impératif, s'arrache à ta sympathie par une voix gravillon fuyant la préhension, cataracte du "tu" et du "toi", qu'elle mêle avec du "papa", en scansions marquées par un flux abrasif :

— Papa est mort, c'est fini, reprends-toi.

Tout ceci t'est insupportable. La contrariété t'étreint. L'espace s'amoindrit. Tu coupes la connexion. À la cuisine, tu te précipites sur une antique bouteille de vodka. Tu sèches un premier verre d'un trait. Le second te défonce la gorge et l'œsophage, attaque ton estomac glaire-acide avant de te retourner comme un gant, les tripes à l'air, rien en dedans. Au troisième, haut-le-cœur, tu vomis. Entre deux spasmes, tu entends sonner ton téléphone. Tu as reçu un message de ta conseillère. Tu es convoquée dans la journée. Tu abandonnes l'alcool dans un vertige, mortifiée à l'idée de plonger dans le dehors. Tu attends l'heure dite sans pouvoir rien faire. Le temps et l'éther t'éclaboussent au ralenti, t'inondent de paresse. Tu somnoles sur un rivage, plage horaire, jusqu'à ce que retentisse une sommation autoritaire : rappel, rendez-vous dans dix minutes. Tu te rassembles et sors à vive allure, sans aucune attention pour ton apprêt. À l'extérieur, la ville avance à travers toi, elle te perfore de ses longueurs agressives, t'écrase de sa hauteur et à force d'horizons dimensionnés en séquences, t'impose une posture, un rythme, un regard. Tu parcours machinalement les couloirs et les escalators, ton voile à la main en ultime recours.

*

Ta conseillère t'accueille, tu disparais. C'est comme si tu t'étais propulsée en elle. À moitié fœtus, tu la vois à travers sa peau et perçois, étouffée au fond de ses entrailles, sa voix rebondissant à chacune de tes pulsations cardiaques. Tu tentes de refaire surface, balbuties quelques mots sur un rythme tachycarde. Tu l'entends te dire qu'à la demande du juge aux affaires sociales, ton dossier a été transféré à la Cesuc, la cellule de suivi des comportements préoccupants. La procédure prévoit une batterie de tests et d'examens pour déterminer ton degré de radicalisation et envisager une formation de réadaptation adéquate.

— Quand ça ? réussis-tu à demander, comme si ta question avait encore un sens.

— *Maintenant.*

Deux mains se posent sur tes épaules. Elles t'entraînent dans les couloirs et les travées. Derrière les portes vitrées, tu devines des individus qui se cachent dans les bureaux, incrémentés aux ordinateurs et aux fauteuils. Ils te regardent certainement, pilori ambulant que tu es devenue en cet instant. Tu rêverais de pouvoir t'agripper au faux plafond, ramper à même le sol ou sauter de parois en cloisons, mais les mains te figent totem. Prise au piège de leur rigidité constituante, tu tires la gueule, une gueule de six pieds de long et même de large, tu en rajoutes, tu baves, oui tu baves, t'oins de ta propre salive que tu laisses fleurir sur tes lèvres, tu postillonnes bruyamment avec la langue dehors, tu remues la tête pour éclabousser partout. Leurs mains se resserrent. Elles te brisent les clavicules. Tu te tords de douleur mais tu postillonnes encore, indifférente aux ordres qui purulent de leurs bouches aveugles. Tu te débats, tu vocifères, tu éructes, ils te bâillonnent. D'autres mains s'amoncellent, elles sont gantées celles-ci, elles viennent, te fouillent, te pétrissent, elles s'emparent de ton foulard, te torchent la face avec, te l'enfoncent dans le gosier, tu étouffes, les bras dans le dos, tombes à genoux, le sol résonne brutalement, tes rotules se brisent à même ton ombre disséminée par les néons, les mains te relèvent, tu ne leur résistes pas, tu leur parles, réclames des caresses, tu veux les toucher, ces mains, non pas qu'elles te prennent.

On te remise dans une salle exiguë cloisonnée plastique. Assise sur le banc fondu dans le mur qui compose l'unique mobilier, percluse de douleurs (tu les sens, elles palpitent), tu t'enfouis de silences et d'oublis et déploies ta présence. Les parois de la pièce recomposent peu à peu la membrane supérieure de ton épiderme. Tu es l'endroit. Tu profites ainsi, pendant deux longues heures, de ton intimité cellulaire.

Tout à coup la porte s'ouvre, l'espace s'enfuit, tu te dégonfles. Deux femmes en blanc franchissent le seuil avec une lenteur solennelle, soulignant à quel point elles jouissent de leur libre accès : dedans/dehors, elles tracent la limite, filtrent, cloisonnent, calfeutrent, interdisent, conduisent tout en restant anonymes, autre privilège de leur pouvoir. Après vérification succincte de ton identité, elles t'escortent le long des couloirs peints dans des couleurs différentes et séparés les uns des autres par de petits sas munis de caméras de reconnaissance. La zone est placée sous haute surveillance. Arrivées au troisième sous-sol, elles t'invitent à patienter debout devant la porte d'un bureau numéroté. Le temps se ramasse.

Un homme en blouse blanche se présente à toi. Tu évites de regarder son visage, angoissée à l'idée de trahir la panique qui te tient et qui exploserait au cas où sa face t'apparaîtrait en difformité vertigineuse. Sa voix est chaleureuse. Tu t'assois docilement à une table ronde sur laquelle semble avoir été disposés, au hasard, feuilles de papier et stylos. Tu te concentres sur ces objets faussement anodins et tâches tant bien que mal d'oublier la viscosité invisible que tu sens vous agréger, ton hôte et toi. Le bourdonnement de la voix de ce dernier évide quelque peu l'espace. Elle cabotine, cette voix, le rire n'est jamais loin, même quand elle se fait monocorde pour égrener les questions d'usage en entretien psychologique, identité civile, antécédents psychiatriques, symptômes actuels, ou quand elle s'attarde sur ta situation personnelle : emploi, famille.

Malgré le plaisir que tu as à l'écouter t'interroger, tu n'arrives pas à lui parler. Tu sens qu'il attend de toi des réponses précises mais ses questions te semblent irrémédiablement étranges, voire insolites. Tu t'efforces alors d'imaginer un visage dessiné sur le papier afin d'ancrer tes propos vers un interlocuteur. Ainsi concentrée, tu parviens à articuler quelques phrases simples, courtes, factuelles. Le psychiatre te demande plusieurs fois de reformuler, comme s'il ne les comprenait pas. Tu commences à douter. Serais-tu inintelligible ? Tu tentes de t'expliquer mais voilà qu'il déplace les feuilles sur la table, gribouille des choses çà et là, la table s'agrandit, les feuilles de papier se retournent et bougent constamment, quand tout à coup, il se munit de l'une d'elles et la plaque contre son visage. Il te demande si tu le vois. Tu relèves la tête puis hoches le menton, interloquée. Tu vois l'étendue blanche, une ombre trouble, c'est tout.

— Vous me voyez, mais vous ne me voyez pas. Je ne suis plus votre semblable car je n'ai plus de visage. Le visage est une invitation au dialogue. Il est déjà une amorce de discours. Sans visage, je ne peux plus parler, je suis condamné à la mort, mort sociale s'entend, mais mort quand même. Les bourreaux se masquent pour donner la mort car ils sont morts eux-mêmes. Je deviens comme eux par le simple fait de soustraire mon visage à votre regard. Je deviens menaçant. Je vous fais peur, n'est-ce pas ?

Tu ne comprends rien à cette diatribe. Mais tu ne veux pas le contredire. Tu laisses tes yeux engourdir la salle. La feuille de papier flotte devant toi. Elle t'apaise. Elle maintient la familiarité à distance. Elle vous place, le psychiatre et toi, dans l'élégance de la tenue, l'un et l'autre présents sur le même plan sans que celui-ci ne vous enferre dans sa glaise.

— Oui, un peu, finis-tu par mentir.

— Vous comprenez donc la gravité de votre geste. Les signalements le corroborent, vous vous êtes délibérément voilé la face plusieurs fois en public. Ce n'est pas anodin. Nous allons travailler là-dessus. C'est ce que nous demande le juge.

Il te présente plusieurs planches de dessin sur lesquelles sont peintes de larges formes dentelées, certaines en noir, d'autres bicolores, parfois symétriques, impossibles en tout cas à rattacher à une quelconque *figure*. Le psychiatre te demande ce que tu y vois. Par des paroles vaporeuses, il t'invite à réfléchir, à prendre ton temps. Tu sens le piège. Il s'agit de faciès probablement. Il vérifie ta capacité à les reconnaître.

— Ce sont des portraits ?

— Bien. Continuez, précisez, précisez s'il vous plaît.

Ton mensonge a l'air de fonctionner, tu en es rassurée, alors te lances à corps perdu dans des descriptions hallucinées, ivre d'un verbe que tu n'avais plus expérimenté depuis longtemps, libre de ses associations, affolant l'espace d'excoriations syntaxiques majestueuses.

— Merci. Je vous revois demain. D'ici là, vous êtes tenue de rester ici. C'est la procédure. La situation évoluera en fonction de vos résultats.

Tu es conduite au centre d'hébergement de la Cesuc par les mêmes infirmières et selon les mêmes règles que lors de ta venue au bureau du psychiatre : palpations, vérification d'identité, puis mise en place de l'escorte, toi devant, elles derrière, sur la même ligne, mais légèrement décalées pour qu'elles puissent inspecter alentour, longue marche silencieuse dans les couloirs.

Vous parvenez à un vaste hall distribuant sur trois de ses côtés des rangées de portes numérotées. Un des murs, entièrement vitré, donne sur une cour ceinturée de haies végétales. Le plexiglas rappelle à ceux qui ne l'auraient pas compris que la zone, ici, est une zone de tri : le dehors est visible mais inaccessible. Pour l'atteindre, il faut en avoir le droit.

Une fois enfermé dans la minuscule cellule individuelle lit-douche, ton corps reprend ses droits. Tu le sens se tenir là, en vacances de ton soi-disant visage, hantant un espace peuplé de ta seule présence, loin de tous ces spectres qui t'imposent leurs regards. Pour un peu, tu te croirais chez toi. Un repas froid t'est apporté à l'heure par le biais d'un passe-plat automatique incrusté dans le mur. Les lumières s'éteignent peu après et laissent place à de petites veilleuses. Une blouse de nuit a été posée en évidence sur la tablette de lit. Tu consultes ton téléphone. Aucun réseau n'est disponible. La nuit se passe ainsi, dans le clair-obscur exigé par les caméras de vidéosurveillance et une odeur de désinfectant industriel. Un café insipide t'est servi à 7 heures par le passe-plat.

Tu es extraite de ton antre par les deux personnels préposés qui t'amènent jusqu'à une nouvelle salle d'attente. Tu n'as pas besoin de baisser les yeux. Il n'y a personne d'autre que toi et tes acolytes. Un infirmier se présente, tu le distingues à peine. Les deux personnes qui t'accompagnent le saluent. Tu les suis dans une pièce exiguë dans laquelle est disposée une imposante machine en forme d'anneau. Tu dois t'allonger sur le lit d'examen qui lui fait face, la tête dirigée vers le centre. On te place un petit tissu bleu sur le visage. C'est un immense soulagement. Tu peux enfin te laisser aller, sans prendre garde à baisser les yeux chaque fois que tu croises le regard de quelqu'un. L'examen dure une bonne vingtaine de minutes. À la fin, tu conserves le tissu sur le visage, profites de cet instant enchanteur, mais les deux préposés te le retirent d'autorité. Tu te réfugies comme tu peux au creux de tes épaules. Vous quittez la pièce. Vous ne croisez pratiquement personne. Tu as l'impression que la zone est déserte. Vous arrivez enfin devant la même porte numérotée que la veille.

Quand le psychiatre t'accueille, tu occultes de nouveau ton regard. Ainsi escamotée à sa vue, tu te laisses ravir par sa voix papillon.

— Les résultats des tests neurologiques sont clairs : vous êtes atteinte de *prosopagnosie*. Vous souffrez d'une incapacité à reconnaître les visages. Cela résulte probablement d'un trauma lié à l'opération chirurgicale que vous avez subie. Il s'agit maintenant pour nous de savoir si ce trouble est temporaire ou s'il est ancré dans votre propre fonctionnement individuel. Au vu de la gravité des symptômes, je vous prescris une dose quotidienne de benzodiazépines pour limiter l'angoisse. C'est probablement elle qui vous a convaincue de vous couvrir le visage. Je vous ai également inscrite dans un groupe de parole proche de chez vous. Vous verrez, les thérapies collectives produisent des résultats étonnants. Elles vous apprennent à vous assumer en public et à vous respecter vous-même. Le respect, c'est la clé. Je ferai un rapport à votre conseillère en réinsertion dans l'emploi. Elle vous contactera après vos premières séances.

Manifestement heureux d'avoir su identifier le problème et sa solution, il se lève en te tendant fièrement la main avec une arrogance de petit garçon. Tu te sens obligée de le regarder en face. Son visage t'apparaît cratère scintillant dévasté par le néant. Tu acceptes l'ordonnance en masquant ton trouble et notes à part toi l'adresse du centre organisant les réunions de partage.

Tu quittes la Cesuc d'une humeur maussade. Au hasard des rues torves, tu laisses les faces exploser à ta vue, les dépèces avec rage. Tu appelles Fahim pour lui donner rendez-vous quelque part. Il n'est plus possible que vous vous voyiez chez toi. Tu as trop peur d'être de nouveau signalée. Fahim te répond sans équivoque. Il te rejoint dans un square, à l'ombre des immeubles. Il arrive à l'heure dite avec ses lunettes noires et sa canne. Tu cherches machinalement ton foulard, t'aperçois que tu ne l'as plus, il a dû t'être confisqué. Pourquoi tes mains tremblent-elles ? Est-ce parce que tu t'apprêtes à lui dire que tu es *malade* ? L'entendre s'avancer vers toi transforme l'espace en bulle de savon multicolore. Elle t'enveloppe avec bienveillance. Sans que tu l'aies décidé, tu lui parles aisément.

Fahim s'amuse de tes bavardages. Pour lui, peu importe si la prosopagnosie existe ou pas. C'est ce défaut de vision partagé qui a rendu possible votre rencontre. Il se méfie de ceux qui voudraient le corriger. Le regard est le propre des conquérants, de ceux qui veulent posséder la totalité du monde par ce simple geste. Mirer panoramique ou observer microscopique, c'est égal : le regard fait écran, gare à lui, l'écran défait le monde.

Une notification de ton smartphone met un terme à vos échanges. Tu es convoquée dans l'heure par ta conseillère en réinsertion dans l'emploi. Fahim proteste. Tu l'écoutes à peine, terrorisée à l'idée d'être de nouveau signalée. Tu le quittes et te laisses guider par le GPS t'indiquant le trajet le plus court, ton corps sacrifié à la sémiotique des réseaux.

— Le rapport du psychiatre de la Cesuc indique que votre trouble vous handicape au niveau 5 sur une échelle de 7. J'ai donc procédé à la réactualisation de votre profil. Vous êtes pour l'instant inapte au contact visuel. Je vous redirige vers des entreprises de phoning. Il me faut votre consentement.

Tu n'entends rien à ces paroles *staccato* dictées par des procédures écrites par d'autres dans l'anonymat des circuits administratifs. Tu fais chair avec ton corps incarné sans fin dans le monde, au milieu de ce box que tu ingères par ta peau et que tu pompes façon station offshore dans l'océan.

— Oui, j'y consens.

*

Dans une petite salle de la "maison de réinsertion", à deux pas du supermarché et du cinéma, une psychologue trône au milieu de vous, un bloc-notes devant les yeux. D'une voix de capitale, elle annonce que tout le monde doit se tenir debout en cercle et, si possible, se donner la main. Chacun est invité à témoigner de sa propre expérience de traumatisé de la face. La prise de parole doit rester libre. Il est important de se laisser du temps pour décider du moment où s'exprimer. Il ne faut surtout pas brusquer les choses. Ce n'est qu'à cette condition, vous explique-t-elle, que la parole deviendra "fluide et salvatrice". Chaque témoignage doit être accompagné d'encouragements collectifs et suivi d'un chaleureux remerciement.

Tu te retrouves comme les autres à déplacer tables et chaises afin de faire de la place pour organiser la ronde. Tu évites pendant tout ce temps le regard des "victimes". Tu te contentes de dénombrer les silhouettes, une douzaine tout au plus. Tout en fixant le sol, tu acceptes naturellement la main molle qu'on te tend. Quelques murmures se font jour. Tu ne les écoutes pas, tu tentes de te laisser absorber par ton "moi intérieur", ce lieu trop souvent oublié de l'identité humaine dans lequel tout témoignage "authentique" doit trouver, selon la psychologue, son origine. À te sonder de la sorte, une étrange sensation te gagne, celle du contact de la paume moite de ta voisine. Sa main t'aspire, langue de bœuf tétant tes doigts façon brins d'herbe grasse. Vos phalanges se nouent l'une l'autre en cicatrices gangrénées de bois verni. Depuis ta chair et jusqu'à la personne face à toi de l'autre côté du cercle, le verbe envahit l'endroit selon un influx qui tourbillonne à travers la chaîne de vos mains. Tu relèves la tête. Quelle surprise ! Là où tu t'attendais à ne trouver que des faciès de zombies indistincts t'apparaît une kyrielle de masques figeant les visages en autant de mimiques rendues grotesques par leur immobilité et leur pâte cireuse. Tu entends alors le chant de l'acide, l'acide jeté à la tête de la plupart des femmes réunies aujourd'hui. Quelques-unes sont des rescapées d'accidents de la route, mais celles-là ne disent rien ou presque. À travers les complaintes, c'est surtout le vitriol que tu entends, le vitriol qui les ronge et les autorise, elles, à se grimer. Elles en deviennent acides elles-mêmes, acide grignotant le monde ; elles en dépècent chaque zone, en triturent la géographie, en déterrent la glaise pour s'en badigeonner la langue et s'y incorporer. Elles disent qu'elles n'ont plus de visage mais que c'est le visage qui les a anéanties. Elles disent qu'*il faut détruire le visage et tout ce qui va avec : l'espace zoné, le temps compté, le corps assujetti, et le mari puissant.* Elles disent qu'elles se voilent aujourd'hui mais que demain elles ne se voileront plus. Car alors les visages n'auront plus d'importance. Elles les auront saccagés. Tu te mêles aussitôt à ces dires, accuse le ministère du Travail de t'avoir défigurée, hurles ta haine de Pôle emploi et des programmes de relooking de réinsertion, nous sommes cancer, oui, cancer et corruption contre les technocrates de la transparence et de la ligne !

La psychologue tente de prendre la parole mais personne n'y prête attention. La langue vous habite désormais, impossible de vous l'enlever, vous habitez ce lieudit de la langue, déliées, vous vous désagrégez ensemble. Les discours balaient la salle en prières emportées par le vent, cimentent vos membres emmêlés, galvanisent vos énergies corporelles. De quelque part, on ne sait d'où, on vous ordonne de vous taire. Des matons pénètrent dans la salle et vous ceinturent de leur matraque. Vous vous dispersez à toute vitesse, et fuyez en hurlant.

Malgré l'empressement, tu n'as pas lâché la main. Tu la sens, chaude et vivante, elle est toujours là, connectée à ton corps, de la tête aux talons, ta voisine court à tes côtés, sa main pèse dans la tienne, elle devient un poids mort mais tu ne la lâches pas, tu ne peux pas, alors tu la traînes comme s'il s'agissait d'un membre endolori, comme si c'était toi.

Dans la course, tu abandonnes ton smartphone. Tu es totalement désorientée, la main crispée sur celle de ta voisine, vous vous traînez, les yeux à moitié fermés, râlant, suant, pulvérisées par l'effort. Spasmes, vomi, spasmes, vomi. L'autre s'étale carrément par terre, allongée de tout son long. Tu reprends ton souffle à ses côtés, sans pouvoir lui porter secours. Un clochard avachi au milieu de cartons et de couvertures dans le renfoncement de l'immeuble vous beugle d'aller dégueuler ailleurs. Quand tu l'aperçois, juste à côté d'une bouche d'aération, il te tend sa bouteille de gnôle.

— Allez bois ! Ça ira mieux après ça, ricane-t-il dans sa barbe d'une voix poreuse.

Ses hoquets se perdent au milieu des sacs de couchage, des jappements de chiens et des haleines rances. Ils doivent être plusieurs, éparpillés dans la ruelle sombre. Tu t'empares de la bouteille, familière tout à coup. Tu avales une lampée, l'alcool est fort et sirupeux, un mélange de whisky et de soda. Le clochard te bouscule. Tu lâches le goulot, titubes un peu et t'effondres sur un des gars dans la contre-allée. Empêtrée dans les cartons et les tissus, tu vires cloaque entre les relents d'alcool et les fluides corporels, te mêles carcasse aux silhouettes étendues en pagaille. On te traîne hors d'ici, tu craches, tu siffles et vocifères, tu es chat, te subtilises entre les pattes. L'autre, ta voisine du groupe de parole, surgit d'on ne sait où et brandit une bouteille en plastique décolorée en hurlant d'une voix rance :

— Acide ! Acide ! Vous continuez, je le balance sur vos sales tronches !

Ces menaces jaillissent au milieu des détritus, elles enracinent les gens à la gorge et les étouffent à les rendre muets. Tu es toi-même saisie. Alors que tu ne peux rien faire d'autre que la regarder te gagne l'impression de reconnaître un visage. Son masque a disparu. Elle continue de vitupérer :

— Je vais ravaler vos faces, je vais vous cureter la gueule, vous dépecer jusqu'au trognon, vous moisir la peau, vous cramer les yeux !

Ces paroles trompettent martiales, menacent gros plan, lieutenant sifflant la charge. Elles te dégoûtent subitement.

Les grommellements des clochards que tu entends autour de toi mêlent ta langue à leur réticence. Ils s'expriment à travers toi.

— Tu te trompes de cible. Nous sommes sans visage, sans adresse et sans domicile. Il n'y a rien à brûler ici.

Ces propos la sidèrent. Coite, le bras en l'air, la bouteille menaçante, sa haine ramassée dans les doigts qu'elle utilise pour brandir l'acide, elle se met à trembler, et finit par lâcher prise. Le liquide se répand en fumée sur l'asphalte.

*

Le calme se glisse parmi vous, la terre vous colle. Vous soupirez des paroles invisibles entre vos solitudes inquiètes. Peu à peu, vos langues se lient, transformant la zone anonyme et aphone des environs en lieudit. Ainsi, au diapason de bavardages boueux arrimés à vos chairs avachies, par des mots balancés de glaise en fougère, vous vous incorporez territoire vivant, sans autre temps que celui de vos humeurs efflorescentes. Parasite chez les parasites, tu t'accroches pouilleuse à ces divagations immobiles. Autour de vous, le monde devient *pruine*. Il se voile à vue. La ville s'effondre, elle disparaît à mesure que s'intensifie votre communauté. Tu accueilles cette énième métamorphose avec sérénité. Tu oublies ta maladie.

La nuit tombe. Sa timide obscurité vous cajole au milieu des phares urbains, elle brouille les délimitations, dessine des recoins, se fond elle-même dans vos chairs, les faisant revivre, soudain. Vous vous ensablez toujours plus dans une même baragouine tumescente quand une maraude du Samu social descend de son camion. Ils sont deux, peut-être trois, portant uniformes orange sertis de bandes réfléchissantes, clignotant sous l'effet de leurs warnings. Ils vous toisent. Les immeubles grandissent à mesure que leur regard s'épaissit. Les lampadaires trahissent la nuit ; le mobilier urbain scintille de lumineuses effigies publicitaires. D'instinct tu baisses les yeux, ignorant leurs faciès boursouflés en magma clapotant. Une discussion s'engage à laquelle tu n'entends rien. Les mots s'embuent de métaux lourds. Muette, tu t'agrippes aux étoffes pour déserter la zone qui se dessine.

Malgré toi, tu les devines se pencher vers vous comme au-dessus d'une barrière invisible. À les voir ainsi se plier en deux, tu les imagines le sourire aux lèvres et les sourcils inquiets, tentés de venir vous rejoindre mais embarrassés à l'idée d'abolir la distance qui les constitue. Malgré cet inconfortable déséquilibre, ils proposent une boisson chaude d'une voix visqueuse. Face au refus qui leur est poliment opposé, ils insistent, toxiques, demandent des nouvelles, s'enquièrent de la santé des uns et des autres, et te désignent du menton.

— Elle est nouvelle ?

Leurs regards braqués sur toi, tu aimerais trouver la ressource nécessaire pour faire bonne figure et ne pas éveiller de soupçons mais tu ne supportes plus ta vue dispersée dans les traits pulvérulents de gens qui t'imposent leur face en gros plan alors que tu es incapable d'y discerner un visage. Tu tentes désespérément de t'escamoter du boulevard. Les autres camouflent ta fuite. Ils répondent à ta place. Cela semble leur convenir, la maraude finit par quitter les lieux.

La corruption reprend son cours, la ville tangue autour de vous avant de disparaître au creux de vos draps sales. Quelque chose t'empêche néanmoins de t'abandonner complètement à ce qui vous agrège. Tu restes muette quand les paroles t'environnent, tu te sens seule tout à coup, consciente du risque que tu fais peser sur vous. La police pourrait débarquer, tu pourrais être identifiée et de nouveau signalée, accusée de falsification d'identité, de détournement de fonds de réinsertion dans l'emploi, obligée de rembourser tes opérations chirurgicales. La crainte se fige sur ta peau, elle pétrifie tes membres, tu te sens statufiée, sidérée dans les phares d'une voiture lancée à pleine vitesse, la nuit. De là, depuis cette animalité de crapaud à demi écrasé, les autres te rejoignent. Tu les entends coasser, conscients du danger :

— Déguerpissons.

*

Migrer, traverser les zones, usurper les territoires, refaire lieu, échapper aux caméras de reconnaissance faciale ainsi qu'aux capteurs wifi aspirant les données. Avancer camouflés sous le seuil de détection des radars, vos empreintes corporelles cryptées par des feuilles d'aluminium cachées dans vos vestes, les moues déformées par les nuits sans sommeil et l'alcool consommé à outrance. Vous cheminez à visage découvert, le masque vous trahirait. Vos traits s'écorcent eux-mêmes à mesure que vous vous fondez dans le paysage.

Vous cherchez de l'aire dans les zones pour qu'il soit lieu de les habiter en nomades, la transhumance comme alibi. Au milieu de la ville, dans le béton vieilli des rocades et les rainures du bitume, se révèlent à vos pieds aiguisés de vieux chemins de bergers et autres voies clandestines. À rebours des trajets professionnels et des déportations policières, vous liquidez votre passage, mollusques grappillant la vase des frayères. Vous vous glissez dans les éléments urbains comme la chenille dans son cocon. L'espace s'organise autour de vous, labyrinthe aux voies enchevêtrées, les toits collent aux trottoirs, le goudron converse avec le vent, la lumière se réverbère dans les bouches d'aération. Vous savez déchiffrer ces correspondances fortuites, elles vous indiquent des passages ou des lieux propices au campement. Des animaux se mêlent parfois à vos divagations. Des chiens, des chats, des pigeons, des rats. Vous suivez leur fuite, ils vous ouvrent la voie. Leur tanière vous sert de refuge. Vous avancez mais la misère vous colle aux basques, elle vous oblige à ralentir, vous impose des zones de transit, dans les petits commerces et les grandes surfaces, surtout quand la faim rode vautour, vous n'avez plus le choix, vous abandonnez le bivouac pour faire les courses, ravitaillement obligatoire. La ville alors reprend ses droits. Les visages réapparaissent en gros plan. Vous redevenez les locataires de votre existence, comme tous ces gens assignés à résidence et redevables d'un loyer, dont l'espace vital se mesure en mètres carrés.

Ce soir-là, vous pénétrez dans un supermarché de taille modeste comme il en pullule en centre-ville, de ceux jouant la carte de la proximité à coups d'anglicismes (emploi du mot "market" à la place du mot "marché") et d'abréviations (abandon du préfixe "super"). Petits modules intégrés dans les quartiers, ils siphonnent tranquillement les passants. Vous vous insérez discrètement dans le magasin comme de vulgaires consommateurs. Vous n'êtes que deux ou trois, surtout pas plus, vous risqueriez d'être signalés comme "une bande". Baignés dans la lumière opalescente des néons quadrillant le faux plafond, vous ignorez les offres alléchantes des rayonnages surchargés qui tentent de vous capter façon halogène sur insectes la nuit. Il vous faut éconduire ces injonctions, refuser de vous perdre dans les promotions, ne pas succomber à la promesse d'un monde durable et équitable, la justice. Une musique criarde vous supplie de vous abandonner à vos désirs les plus intimes. Elle glisse sur vous sans prendre prise. Vous évitez les miroirs disposés ici et là, entre deux allées, comme si de rien n'était. Les fragrances artificielles hérissent vos papilles. Vous vous les prenez en pleine face sans rien dire. Il vous faut rester droits, le pas lent et sûr, le regard alerte, entièrement guidés par la nécessité du choix. Telle est du moins, dans ce décor marketing, l'apparence que vous vous efforcez de prendre.

Pour ta part, tu n'as aucune idée de la moue que tu arbores. Tu te laisses traîner par le chariot mis à disposition par l'enseigne. Les autres y entassent les vivres nécessaires. Ils agissent rapidement, s'en tiennent à leurs propres repères. Vous arrivez à la caisse. Vous scannez l'étiquette des produits en évitant d'éventuels regards suspicieux. Mais deux vigiles s'avancent vers vous. Vous ne les aviez pas vus. Leurs voix pégueuses vous arrachent à vos gestes mécaniques.

— Bonjour, vous n'avez pas de smartphone ?

Votre erreur est de ne pas avoir pensé à emmener un portable. Les capteurs wifi du magasin n'ont pas pu accéder à vos données personnelles. L'enseigne ne le tolère pas. Tu te figes dans une posture indélicate, à moitié courbée sur la balance. Un de vous fait mine de répondre en présentant un maintien altier et une poitrine ouverte. Mais les vigiles vous ordonnent de décliner votre identité. Tu sens tes comparses bouillonnants. Ils se plient néanmoins à la procédure. Toi, tu ne bouges pas, tentant vainement de dissoudre ton angoisse dans la contemplation de la peau granuleuse des légumes. Tu distingues à peine la voix filandreuse marmonnant dans ton dos :

— Et vous ? Quelle est votre identité ?

Elle est faite de ces légumes, cette voix, elle fougère parmi ta chair, courge tes acouphènes. Tu t'y abandonnerais presque si tu ne savais qu'elle est prête à te trahir. Signalement, Cesuc, procédure de réadaptation. À son écho et en dépit de ta crainte, tu te tapis muette parmi les fibres, t'inocules parasite entre les cucurbitacées, deviens filandreuse à ton tour, tes cicatrices chirurgicales comme autant de nervures iridescentes. Ce faisant, t'exposes vulnérable aux grosses pattes des gardiens. Alors soudain, d'un geste brutal, tu t'empares d'un sachet de fenouils et le leur balances dessus. Tu te carapates entre les rayonnages, t'étales dans les fruits venus d'Afrique et d'Amérique du Sud, et au milieu de ce fatras, découvres un accès qui accueille ta déroute, tu t'y abandonnes à la vitesse d'un grain de pollen emporté par le vent. Une voie sans issue se dérobe à tes yeux, tu as l'impression de pouvoir passer sous terre, tu soudoies un chemin, esquives un coup, puis l'autre, tu cours, cours, cours. Tu entends “Arrêtez !” dans ton dos mais tu es déjà loin, évaporée de la zone, ailleurs, évanouie dehors.

La fuite est irrémédiable. Elle t'arrache aux autres, non seulement aux vigiles, aux caméras, mais aussi à tes amis. Ceux qui t'accompagnaient ont probablement été conduits en garde à vue, détention provisoire et mauvais traitement en guise de rappel à l'ordre scopique : se montrer et ne jamais se dérober au regard, fût-il numérique. Tu te dissous complètement dans ta course, tu n'as plus rien pour prendre corps, ni famille, ni travail, ni ami, ni communauté. Tu deviens hors de toi, ultime métamorphose, hors de toi et *étrangère*. Sans visage et sans communauté, tu deviens comme ces migrants déracinés la nausée de tous ceux qui craignent de perdre leur domicile, leur nation, tu es *corruption*, corruption de leur identité sans couleur ni aspérité, celle qu'ils chérissent, qu'ils mettent tant de soin à consigner dans leurs papiers, sur internet, dans leur CV, fétiche iconique réduit à une photo, selfie, moi-moi, nous-moi. Particule esseulée, tu irradies nucléaire depuis l'infiniment petit et pourris, étrangère, leurs origines prétendument immaculées. Tu menaces, cancer, les futurs, fais vaciller la culture et le patrimoine, pollues l'environnement, quitte à mettre en péril chaque faciès en voguant telle une gangrène purulente cherchant le contact. L'étranger n'a pas de visage ou alors le cache, le dissimule, le soustrait, yeux baissés, sweat à capuche, foulard ou niqab, peu importe, ils se ressemblent tous, paraît-il. Dans ta fuite irrémédiable, tu rejoins ces gueux trahissant sans cesse les frontières et les identités, à la fois omniprésents et absents, virtuels, tellement virtuels.

Malgré tes efforts, tu es arrêtée par les appareils de détection de la menace, drones furtifs munis de scanners. Tu es surprise dans ton sommeil par deux phares éblouissants braqués sur tes yeux. Ton aveuglement te tétanise, tu te figes autour de ce rideau blanc, sidérée par cette lumière extraterrestre qui tente d'aspirer tes globes oculaires et d'en sucer le contenu. Une déflagration électrique achève de paralyser ton corps, le métallise en acier brûlant, tu deviens tige de fer alors que le monde ne t'apparaît plus qu'en blanc, vaste zone uniforme sur laquelle les paroles n'ont pas de prise, seuls comptent l'image et l'écrit, rapports de police photos à l'appui, câbles de surveillance et captures d'écrans, la prose du monde présent.

« un endroit où aller »

extrait du catalogue

240. Hubert Nyssen
DITS ET INÉDITS

241. Bertrand Leclair
MALENTENDUS

242. Cécile Ladjali
SHÂB OU LA NUIT

243. Jean-Luc Outers
DE JOUR COMME DE NUIT

244. Gisèle Bienne
L'ÉTRANGE SOLITUDE DE MANFRED RICHTER

245. Justine Augier
JÉRUSALEM

246. Jean-Claude Grumberg
POUR EN FINIR AVEC LA QUESTION JUIVE

247. Emanuele Trevi
QUELQUE CHOSE D'ÉCRIT

248. François Emmanuel
AVANT LE PASSAGE

249. Olivier Py
SIEGFRIED, NOCTURNE

250. Claude Miller
LE CINÉMATOGRAPHE

251. Clark Ashton Smith
LA FLAMME CHANTANTE

252. Carole Zalberg
FEU POUR FEU

253. Bertrand Leclair
LE VERTIGE DANOIS DE PAUL GAUGUIN

254. Claudie Gallay
DÉTAILS D'OPALKA

255. Éric Vuillard
TRISTESSE DE LA TERRE

256. Valerio Magrelli
GÉOLOGIE D'UN PÈRE

257. Teodor Cerić
JARDINS EN TEMPS DE GUERRE

258. Lucien X. Polastron
UNE BRÈVE HISTOIRE DE TOUS LES LIVRES

259. Geneviève Marie de Maupeou, Alain Sancerni, Lyonel Trouillot
DICTIONNAIRE DE LA RATURE

260. Yves Chaudouët
ESSAI LA PEINTURE

261. Gisèle Bienne
LA BRÛLURE *suivi de* MARIE-SALOPE

262. Jérôme Orsoni
DES MONSTRES LITTÉRAIRES

263. Olivier Dubouclez
HISTOIRE DU BASILIC

264. Jhumpa Lahiri
EN D'AUTRES MOTS

265. Walt Whitman
ÉCRITS DE JEUNESSE

266. Gustavo Dessal
TROP ROUGE

267. Jean-Philippe de Tonnac
AZYME

268. Frédéric Jacques Temple
UNE LONGUE VAGUE PORTEUSE

269. Jérôme Orsoni
PEDRO MAYR

270. Rosie Pinhas-Delpuech
L'ANGOISSE D'ABRAHAM

271. Éric Vuillard
14 JUILLET

272. Javier Cercas
LE POINT AVEUGLE

273. Anna Maria Ortese
LES PETITES PERSONNES

274. Catherine David
LETTRE OUVERTE À MA MAIN GAUCHE

275. Gisèle Bienne
LES FOUS DANS LA MANSARDE

276. Jérôme Orsoni
LE FEU EST LA FLAMME DU FEU

277. Giorgio Van Straten
LE LIVRE DES LIVRES PERDUS

278. Éric Vuillard
L'ORDRE DU JOUR

279. Olivier Dubouclez
ALMERÍA

280. Jean-Claude Grumberg
POUR EN FINIR AVEC LA QUESTION JUIVE
(L'ÊTRE OU PAS)

281. Emanuele Trevi
LE PEUPLE DE BOIS

282. Edgar Morin
L'ÎLE DE LUNA

283. Mark Twain
CETTE MAUDITE RACE HUMAINE

284. Frédéric Jacques Temple
DIVAGABONDAGES

285. Jean-Michel Ribes
CRIS ÉCRITS

286. Armand Farrachi
LE TRIOMPHE DE LA BÊTISE

287. Edoardo Albinati
UN ADULTÈRE

288. Éric Vuillard
LA GUERRE DES PAUVRES

289. Gisèle Bienne
LA MALCHIMIE

290. Caroline Fauchon
SANS EUX

291. Patrick Cloux
DURER ENCORE

292. Fabio Viscogliosi
HARPO